Pasta
alle Rezepte

Graphische Gestaltung und Seitenlayout: Laura Casagrande
Übersetzung: Lexis, Florenz
Redaktion: Irmgard Krasser

Abbildungen: Archiv Giunti/© Claudio Innocenti, Florenz

Fotos:
Alle Bilder gehören dem Archiv Giunti/© Giuliano Valsecchi mit Ausnahme der folgenden:
Archiv Giunti/© L. Borri pp. 51, 139d ; Archiv Giunti/© R. Germogli pp. 21, 63, 77, 149 ;
Archiv Giunti/© Stockbyte (CD-RF) p. 83, 87 ;
© Cazals Jean/The Food Passionates/Corbis p. 109 ;
Fotolia: © Lorenzo Buttitta p. 67, © Marco Meyer pp. 69, 89, © Francesco83 p. 73, © Giuseppe Porzani p. 95,
   © JJAVA p. 121, © Silvana Comugnero p. 131, © Riccardo Spinella p. 132c, © Promolink p. 132s,
   © Lapas77 p. 132d ;
© Photocuisine/Tips Images pp. 93, 117 ;
© Stockfood/Olycom pp. 19c, 27, 81, 105, 125, 155 ;
© Nico Tondini/Marka p. 111.

*Der Verlag verpflichtet sic, eventuelle Kosten für die Reproduktionsrechte
der Abbildungen zu übernehmen, deren Herkunft nicht geklärt werden konnte.*

www.giunti.it

© 2003, 2012 Giunti Editore S.p.A.
Via Bolognese 165 - 50139 Florenz - Italia
Via Dante 4 - 20121 Mailand - Italia
Erste Auflage: Mai 2003
Neue Auflage: März 2012

Neue Auflage	Jahr
6 5 4 3 2 1 0	2016 2015 2014 2013 2012

PEFC Certified
This product is from sustainably managed forests and controlled sources
www.pefc.it

PEFC/18-31-356

Gedruckt von Giunti Industrie Grafiche S.p.A.
Prato (Italien), PEFC™-zertifiziertes Unternehmen

Inhaltsverzeichnis

Einleitung

Alles in einem Pastagericht 7
Italien = Pasta 8
Mediterrane Ernährung,
 ausgewogene Ernährung 8
Nudeln essen, ohne dick
 zu werden 9
Ausgewogenheit und Mäßigung 10
Geeignete Saucen 12
Kombinationen verschiedener
 Lebensmittel 12
Nudelarten und -formate 14
Regeln für gute Nudeln 16
Andere Zutaten 17

Pasta mit Fleisch

Bigoli mit Ente 20
Bucatini all'Amatriciana 20
Bucatini mit Lamm und Paprika 20
Bucatini aus den Marken 22
Cavatieddi mit Schinken 22
Farfalle mit Truthahn-
 und ErbsenSauce 22
Bandnudeln nach Papalina-Art 22
Fettuccine nach Römerart 23
Filatieddi mit Sauce 23
Fusilli mit Bratwurst
 und Steinpilzen 24
Garganelli mit Pilzen 24
Schmackhafte Garganelli 24
Makkaroni mit Klopsen 25
Makkaroni mit Bratwurst
 und Ricotta 25
Malloreddus
 mit Wildschweinsauce 26
Orecchiette nach Lukaner Art 26
Pappardelle mit Hirsch
 und Steinpilzen 26
Pappardelle mit Wildschwein 28
Pappardelle mit Hase 28
Pappardelle mit Fasan 30
Penne nach Cuba-Art 30
Pici mit Kaninchensauce 30
Pisarei, Schlackwurst und Paprika 31
Pizzoccheri mit gekochtem
 Schinken 31
Reginette mit Speck 32
Reginette mit Schneckensauce 32
Spaghetti alla Chitarra
 mit Fleischsauce 33
Bandnudeln mit Kaninchen 33
Bandnudeln mit Ragout
 alla Bolognese 34
Spaghetti Carbonara 34
Tagliolini mit Hühnerlebersauce 36
Vermicelli mit Huhn und Trüffel 36

Pasta mit Fisch

Bavette mit Fisch 38
Bigoli mit Sardellen 38
Bucatini mit Kalamari 39
Bucatini mit frittierten
 kleinen Fischen 39

Bucatini mit Sardellen
   und Fenchel 40
Spaghettikörbchen
   mit Meeresfrüchten 40
Farfalle mit Jakobsmuscheln
   und grünem Spargel 41
Überbackene Fettuccine
   mit Seezunge 41
Fettuccine mit Gnacchere 42
Fusilli mit Scampi und Zucchini 42
Linguine mit Meeresfrüchten 44
Linguine mit Scampi
   und Zitrone 44
Malloreddus
   mit Schwertfischragout 45
Maltagliati mit Kalamari
   und Gemüse 45
Orecchiette mit Sardellen 46
Nudeln mit Sardinenfilets 46
Nudeln mit Sardellen
   auf sizilianische Art 46
Penne mit Kaviar und Wodka 47
Penne mit Lachs und Walnüßen 47
Penne und Garnelen in Alufolie 47
Spaghetti mit Sepia-Tinte 48
Spaghetti alla Chitarra
   mit Meerscheiden 48
Spaghetti mit Languste 49
Spaghetti allo Scoglio in Alufolie 49
Spaghetti mit Sardellen
   und Trüffeln 50
Spaghetti mit frischen Sardellen 50
Spaghetti mit großen
   Venusmuscheln 50
Spaghetti mit Glasaalen 50
Spaghetti mit gemeinen
   Venusmuscheln und Tomaten ... 52
Schwarze Bandnudeln
   mit Garnelen 52
Bandnudeln mit Sardellen
   und Brotkrumen 52
Bandnudeln mit Jakobsmuscheln 54
Bandnudeln mit Forelle 54
Tagliolini mit Kaviar 55
Tagliolini mit Lachs 55
Tagliolini mit Bottarga 55
Trofie mit Tintenfisch 56
Trofie mit Sardellensauce 56
Vermicelli allo Scoglio 56
Vermicelli mit Meerscheiden 57

Pasta mit Gemüse und Käse

Bigoli alla Puttanesca 59
Bigoli mit Fenchel 59
Bucatini alla Boscaiola 59
Bucatini mit Zwiebeln 60
Cavatieddi mit Rucola
   und Tomaten 60
Farfalle mit Zitrone 60
Farfalle mit Käse und Pilzen 60
Farfalle mit Paprika 61
Fusilli mit 4 Käsesorten 61
Fusilli mit Saubohnen 62
Fusilli mit Granatäpfeln
   und Endivie 62
Linguine mit süßem Blumenkohl 62
Maccheroncini
   nach Frühlingsart 64
Malloreddus mit Kartoffeln 64
Orecchiette
   mit Grünkohlspitzen 65
Pansotti mit Walnüßen 65
Nudeln mit Ricotta 66
Nudeln mit Möhren 66
Nudeln mit Linsen 66
Überbackene Nudeln
   mit Zucchini 68
Nudeln mit Ricotta
   und Artischocken 68
Penne all'Arrabbiata 70
Reginette mit Parmesankäse 70
Spaghetti alla Carbonara
   mit Gemüse 70
Spaghetti mit Knoblauch,
   Öl und Chili 72
Spaghetti mit Brandy 72
Spaghetti mit Tomatensauce 72
Spaghetti alla Norma 74
Spaghetti mit Auberginen 74
Spaghetti mit Radicchio 74
Spaghetti mit Kürbißauce 76

Spaghetti mit Käse und Pfeffer 76
Spaghetti mit Walnüßen 76
Spaghetti mit getrockneten
   Saubohnen 78
Spaghetti mit Bohnen 78
Sedanini und Zucchini 78
Bandnudeln mit grünem Spargel 79
Bandnudeln mit Kräutern 79
Bandnudeln mit Erbsen 79
Bandnudeln mit Taleggio
   und Trüffel 80
Trenette mit Wirsing 80
Tagliolini mit Mascarpone 82
Tagliolini mit süßem Weißwein 82
Trenette mit Pesto 82
Vermicelli mit Lauch 84
Vermicelli mit rohem Gemüse 84
Zite mit Zwiebeln
   und Semmelbröseln 84

Pasta aus dem Ofen

Überbackene Cannelloni 86
   Mit Gemüsefüllung 86
   Mit Fleischfüllung 86
   Mit Thunfischfüllung 86
Cannelloni mit Lachs 88
Lasagne al Forno 88
Cannelloni mit Bratwurst
   und Mozzarella 90
Lasagne-Phantasie 90
Lasagne auf Piemonteser Art 91
Lasagne mit Kräutern 91
Lasagne mit Ricotta
   und Auberginen 92
Grüne Lasagne 92
Makkaroniauflauf 94
Pizzoccheri al Forno 94
Makkaroni mit Auberginen 96
Fischauflauf 96
Überbackene Rigatoni mit Pilzen 97
Überbackene Bandnudeln
   mit Spargel 97
Blumenkohlauflauf 98
Fenchelauflauf 98
Paprikaauflauf 99
Auflauf „Capriccioso" 99
Vegetarischer Auflauf 100
Spinatauflauf 101
Bucatini-Torte 101
Vincisgrassi 102

Klößchen und gefüllte Pasta

Agnolotti mit Seebarsch 104
Agnolotti nach Neapolitaner Art 104
Agnolotti mit Trüffel 106
Agnolotti mit Kartoffeln 106
Spinatknödel 107
Casoncelli 107
Überbackene Crespelle 108
   Mit Radicchio-füllung 108
   Mit Krustentier-füllung 110
Kartoffel-Culingionis 110
Kartoffelklößchen
   nach Florentiner Art 112
Spinatklößchen 112
Polentaklößchen
   nach Valdostaner Art 112
Pflaumenklößchen 113
Kartoffelklößchen
   mit Tomatensauce 113
Fischklößchen 114
Ricottaklößchen 115
Grießklößchen 115
Kürbisklößchen 115
Überbackene Klößchen 116
Langaroli 116
Ravioli 118
   Mit Pilzfüllung 118
   Mit Fischfüllung 118
   Mit Artischockenfüllung 118
Ravioli mit Drachenkopf 119
Ravioli mit Seezunge 119
Ravioli mit Spargel 120
Ravioli mit Jakobsmuscheln 120
Ravioloni mit Zucchini 122
Roulade mit Hallimaschpilzen 122
Ravioloni mit Wild 124
Strozzapreti mit Ochsenmark 124
Spinatroulade 126

Strangolapreti 126
Tortellini mit Auberginen 126
Strugolo mit Kartoffeln
 und Spinat 128
Tortelli mit Kichererbsen 128
kürbistortelli 129
Tortellini mit Fleischfüllung 129
Gemüsetortelloni 129
Kartoffeltortelloni 130
Tortelloni mit Ricotta und Spinat 130

Hausgemachte Pasta

NUDELN OHNE EIER
Cavatieddi 133
Fettuccine 133
Malloreddus 134
Orecchiette 135
Pici 135
Pisarei 136
Pizzoccheri 136
Spaghetti alla Chitarra 136
Trofie 136

EIERNUDELN
Bigoli 137
Filatieddi 137
Garganelli 137
Cannelloni-Teig 137
Lasagne-Teig 138
Teig für frische, gefüllte
 Teigwaren 138
Bandnudeln: Tagliatelle, Tagliolini,
 Fettucine, Pappardelle 138

Saucen und Tunken

Knoblauchbutter 140
Trüffelbutter 140
Basilikumöl 140
Knoblauchöl 140
Chiliöl 140
Béchamelsauce 141
Pesto nach Genueser Art 141
Salatsauce mit Rucola
 und Parmesankäse 142

Fleischsauce mit Balsamico-Essig 142
Seebarschsauce 142
Zackenbarschsauce 143
Tomatensauce 143
Spargelsauce 144
Artischockensauce 144
Kürbisblütensauce 144
Paprikasauce 145
Seeigelsauce 145
Sauce aus 3 Käsesorten 145
Fischersauce 146
Forellensauce
 (oder Schleiensauce) 146
Sugo allo Scoglio 146
Tomatensauce mit Oliven 147
Aalsauce mit Erbsen 147
Sauce mit Kastanien
 und Bratwurst 147
Bohnensauce 147
Sauce mit Artischocken,
 Pilzen und Ricotta 148
Sauce mit Blumenkohl
 oder Brokkoli 148
Seezungensauce 148
Erbsensauce mit Schinken 150
Ei-mozzarella-Sauce 150
Lammsauce 150
Pilzsauce mit Lauch 150
Erbsensauce mit Crescenza 152
Austernsauce 152
Thunfischsauce all'Arrabbiata 152
Meerbarbensauce 153
Venusmuschelsauce
 mit Tomaten 153
Zucchinisauce 153
Zucchinisauce mit Erbsen 154
Kalte Avocadosauce 154
Kalte Rucolasauce 154

Rezeptverzeichnis 157

INFO
Fischfond 114
Einfärben von frischen Nudeln 133
Das Kochen frischer Nudeln 134
Aufbewahren frischer Teigwaren ... 135

Einleitung

ALLES IN EINEM PASTAGERICHT
◆

Nudeln sind das unanfechtbare Standbein der italienischen Küche und ein prägender Bestandteil so gut wie jeder Mahlzeit, weshalb wir beschlossen haben, einigen der bekanntesten Nudelgerichten Italiens ein eigenes Kochbuch zu widmen. Wir haben eine Auswahl der typischen regionalen Zubereitungen getroffen, aber auch einige originelle, schmackhafte Ideen und nützliche Hinweise aufgegriffen.
Wahrscheinlich entspricht das Rezept der „Lasagne al forno" in diesem Buch nicht genau dem, das man kennt, sondern weist leichte Varianten auf. Dies liegt daran, dass aufgrund der unwahrscheinlichen Vielfalt der Teigwaren für jedes Rezept je nach Region, Provinz, Jahreszeit, Launen des Kochs usw. zahlreiche Versionen existieren.
Unser Ziel ist dann erreicht, wenn der Leser die Anweisungen eines Rezeptes nicht peinlich genau verfolgt, sondern seiner Kreativität freien Lauf lässt und eine ganz eigene Version mit „geheimen Zutaten" erfindet, die das Rezept schließlich von den anderen abhebt.
Wir wünschen gutes Gelingen und "buon appetito"!

ITALIEN = PASTA
◆

Die Entstehung der Pasta, im Sinn der Vermengung von gemahlenem Getreide mit Wasser, geht auf lang vergangene Zeiten zurück. Spuren finden sich in etruskischen Basreliefs sowie in griechischen und römischen Texten.

Sicher ist der Verzehr trockener Teigwaren während der Herrschaft der Araber in Süditalien, lange bevor Marco Polo aus dem Osten zurückkehrte (1292) und von den chinesischen Sojaspaghetti berichtete. Anfänglich besaßen die Nudeln nur einfache Formen (Spaghetti verschiedener Stärke, Makkaroni, Bandnudeln) und erst später entstanden phantasievolle Formate. Gleichzeitig wurde der Teig gefüllt und in Tortellini, Ravioli und Agnolotti verwandelt; es folgten unterschiedliche Teigtypen und verschiedene Gnocchi-Arten.

Die ersten Saucen bestanden aus Gewürzen, Honig, Milch und Gemüse. Erst mit den großen Entdeckungen zu Beginn des 16. Jahrhunderts gelangten die Tomaten nach Europa, wo sie anfangs jedoch (zusammen mit Auberginen, Paprika usw.) als magische Frucht betrachtet wurden.

In Sizilien wurde hieraus eine Sauce hergestellt und es entstanden die klassischen „Nudeln mit Tomatensauce".

Inzwischen sind wir im 19. Jahrhundert angelangt. Nino Romano schrieb: „Um 1800 werden die ersten Nudelfabriken gegründet. 1811 entsteht in Parma das Tomatenmark, besser bekannt unter dem Namen schwarzes Tomatenmark. [...] 1835 wird in Boston die erste bedeutende Fabrik zur Herstellung von Tomatensauce in der Flasche eröffnet. Mit der Einführung der Elektrizität entwickelt sich um 1900 der Produktionsprozess." (*Le ore della pasta*, Ed. Acanthus). Pasta gilt auf der ganzen Welt als Symbol des italienischen Wesens, die grün-weiß-rote Farbe eines Tellers Spaghetti mit Tomatensauce und Basilikum steht als Zeichen der Fröhlichkeit und der guten Küche.

MEDITERRANE ERNÄHRUNG, AUSGEWOGENE ERNÄHRUNG
◆

Mit dem wirtschaftlichen Aufschwung und dem Boom der 50er Jahre entfernen sich die Italiener von ihren traditionellen Ernährungsmodellen. Durch das Bild des „Menschen im frenetischen Rhythmus des modernen Lebens", das der Fortschritt mit sich bringt, fühlt sich der Durchschnittsitaliener immer stärker von der amerikanischen Ernährungsweise angezogen und gibt die traditionellen Gerichte auf, die mit dem unbequemen früheren, bäuerlichen Leben verbunden sind. Nudeln, Brot und Reis bleiben links liegen, Fleisch, vorgekochte Fertiggerichte und bunt gemischte, überreich belegte Brötchen erhalten Aufwind.

Auch die Italiener lernen, schnell im Stehen zu essen, geben das gewohnte Mittagessen auf und ziehen etwas Kleines in einem Fast-Food oder einer Snack-Bar vor. Kein Wein und Wasser mehr, sondern kohlensäurehaltige Getränke.

Mit dem Fortschritt halten auch schon bald die sogenannten Wohlstandskrankheiten ihren Einzug – Herz-Kreislauf-Probleme, Cholesterin, Hypertonie, Arteriosklerose, Übergewicht usw. Die Wissenschaft verweist als Ursachen auf Stress, unnatürliche Lebensrhythmen und ständig wechselnde Gewohnheiten. Die Ernährungswissenschaft bestätigt den eindeutigen Zusammenhang zwischen Ernährungsmodell und körperlichem Gesundheitszustand.

Ein gesunder Organismus erfordert eine ausgewogene, vollständige Ernährung, und unter allen Ernährungsmodellen entspricht die traditionelle, mediterrane, ländliche Küche, die für altmodisch gehalten wurde, am besten diesen Eigenschaften.

Es wird empfohlen, möglichst nicht stehend und in Eile zu essen, sondern sich die Zeit zu nehmen, sich an den Tisch zu setzen und Getreide, Gemüse, Obst, wenig Fleisch, Fisch, Milchprodukte und pflanzliche Fette zu sich zu nehmen. Auf diese Weise werden die Vorzüge der mediterranen Küche wieder entdeckt, die nicht nur zu einem besseren körperlichen und psychischen Zustand führt, sondern auch unter wirtschaftlichem Gesichtspunkt günstiger ist, da sie auf generell teure oder zumindest teurere Importprodukte verzichtet.

NUDELN ESSEN,
OHNE DICK ZU WERDEN
◆

Das Prinzip der mediterranen Küche liegt nicht ausschließlich in der Verwendung „einheimischer" Zutaten, sondern mehr noch in ihrer richtigen, ausgewogenen Auswahl und bestmöglichen Kombination untereinander, um den Körper angemessen zu ernähren. In den letzten Jahrzehnten hat sich die Ästhetik auf das Ideal der dünnen, hochgewachsenen Männer und Frauen hin orientiert. Mit dem mediterranen Körperbau ist dieses Modell nur über anstrengende Diäten zu erreichen, die die Nudeln vom Tisch verbannen. Abgesehen von der Nutzlosigkeit, Körperformen anzustreben, die einer von der Werbung auferlegten ästhetischen Form entsprechen, birgt das Weglassen einiger Lebensmittel aus unserem Ernährungsplan Gefahren für unsere Gesundheit, da unser Organismus eine ganze Reihe wertvoller Nährstoffe benötigt. Unter diesen Nährstoffen stellen die Kohlenhydrate, die wir zum guten Teil (60 %) aus Getreide beziehen, eine der wichtigsten Energiequellen dar, die wir besitzen.

Bei echten Gewichtsproblemen oder Fitnesswünschen hat es meistens wenig Sinn, stark einschränkende Diäten zu befolgen: Nachdem man nach mühevollem Verzichten einige Kilos verloren hat, kehrt man schnell wieder zu den vorherigen Formen zurück, sobald man wieder die normale Ernährung aufnimmt.

Dies wirkt sich nicht nur auf den Gesundheitszustand negativ aus, sondern auch auf unser nervliches Gleichgewicht.

So schreibt Roberta Salvatori: „Die Lösung des Übergewichts liegt in unseren eigenen Händen, man muss das Problem nur bestimmt und mit gesundem Menschenverstand angehen." (*La dieta mediterranea*, Idea Libri). Deshalb bleibt man nicht durch die Ablehnung unserer traditionellen Ernährungsweise in Form, sondern durch einen ausgewogenen, gemäßigten täglichen Speiseplan. Was im Einzelnen die Gerichte in diesem Kochbuch betrifft, enthalten 100 g Nudeln ca. 360 kcal, recht wenig im Vergleich zum täglichen Durchschnittsbedarf von 2.000-3.000 kcal. Es genügt, die Portionen, die Nudelsaucen und die weiteren Speisen zu mäßigen.

AUSGEWOGENHEIT UND MÄSSIGUNG

◆

Wie bereits gesagt, benötigt unser Organismus alle Nährstoffe in richtigen Mengen, wobei Kohlenhydrate, Eiweiße, Vitamine, Mineralstoffe, Fettstoffe usw. auf drei Mahlzeiten pro Tag

(Frühstück, Mittag- und Abendessen) verteilt sein sollten.
Ein Getreidegericht, zum Beispiel, führt dem Körper Kohlenhydrate, Mineralstoffe und Enzyme zu (besonders durch die Verwendung von Vollkornnudeln aus biologischem Anbau), die einfach durch etwas Gemüse, am besten mit etwas Olivenöl extra vergine angemacht, zu ergänzen sind. Der geringe Eiweißgehalt (11 % in Nudeln) kann durch Hülsenfrüchte, etwas Fleisch, Fisch oder Käse ausgeglichen werden. Daher ist es leicht verständlich, dass ein Nudelgericht mit Gemüsesauce und anderen eiweißhaltigen Zutaten nicht nur den Appetit, sondern auch die Bedürfnisse des Organismus' befriedigt.
Unsere traditionellen Rezepte, insbesondere die Nudelgerichte, entsprechen den Prinzipien der wieder aufgewerteten mediterranen Küche. Hierbei darf jedoch nicht vergessen werden, dass die Gerichte unserer ländlich geprägten Kultur sehr gehaltvoll waren, da sie für Personen entstanden, die anhaltender körperlicher Schwerstarbeit ausgesetzt waren.
In der heutigen Wohlstandsgesellschaft besteht ein weit geringerer täglicher Energiebedarf: Wir fahren wenig Fahrrad und bewegen uns noch weniger zu Fuß; bei der Arbeit sitzen wir häufig stundenlang hinter einem Schreibtisch oder im Auto usw.
Aus diesem Grund müssen wir versuchen, einige Zutaten zu reduzieren, die bei der Zubereitung der Nudelgerichte verwendet werden. Der Fortschritt war nicht nur negativ, sondern hat uns ermöglicht, neue Produkte kennenzulernen und in Vergessenheit geratene wieder zu entdecken. Hierdurch wird es zum Beispiel möglich, eine traditionelle Mahlzeit zuzubereiten und schwer verdauliche Zutaten zu ersetzen, die dem Körper nicht bekömmlich sind, ohne auf das Wesentliche zu verzichten: Gesundheit und Genuss.
Kann man in einigen Fällen nicht auf Gelüste verzichten, sollte einem üppigen Mahl eine leichte Mahlzeit folgen (oder vorausgehen), um den Magen etwas zu entlasten und dem Organismus die Verarbeitung der übermäßig aufgenommenen Speisen zu gestatten. Und dann, Bewegung: nichts Außergewöhnliches, aber einige zügig erstiegene Treppen, ein einstündiger Spaziergang, eine Fahrradfahrt zur Arbeit usw. sollten zum Alltag gehören.
Zum Wohlbefinden durch eine korrekte Ernährung gesellen sich ein entspannter, fitter Körper sowie ein unbeschwerter Geist.

GEEIGNETE SAUCEN

◆

Wie bereits erwähnt, fällt ein Teller Nudeln kalorienmäßig nicht so sehr ins Gewicht (100 g trockene Nudeln = 200-250 g gekochte Nudeln = 360 kcal). Dies bedeutet jedoch keinen Verzehr nach Belieben: kleine Portionen zwischen 60 und 80 g, denen mäßige Portionen anderer Lebensmittel folgen, die dem Körper alle erforderlichen Nährstoffe in ausgewogenen Mengen zuführen.

Besondere Aufmerksamkeit gilt den verwendeten Saucen und den anderen Zutaten: der Kalorienwert eines Nudelgerichtes hängt direkt davon ab.

Das Ersetzen oder Reduzieren bestimmter Zutaten erfolgt je nach Geschmack. Deshalb stellen wir auf den folgenden Seiten die traditionellen Rezeptversionen vor, nicht nur mit Butter, sondern auch mit Speck, Schmalz usw. Jeder Leser lernt für sich, diese falls möglich durch kaltgepresstes **Olivenöl extra vergine** der ersten Pressung zu ersetzen. Dieses wird durch mechanische Pressung der Oliven gewonnen, die keiner chemischen Behandlung, sondern nur einer Reinigung, Absetzung und Filtrierung unterzogen wurden, und sein Säuregehalt liegt (in Ölsäure ausgedrückt) nicht über 1 %.

Dieses Öl ist reich an ungesättigten Fettsäuren und unterliegt während des Kochens, dank seiner chemischen Zusammensetzung, geringeren gesundheitsschädlichen Veränderungen.

Dagegen sind tierische Fette sparsam und vorsichtig einzusetzen: Butter zum Beispiel enthält nicht nur einen hohen Anteil gesättigter Fettsäuren, sondern wird bei hohen Temperaturen (200 °C) giftig für unseren Organismus.

KOMBINATIONEN VERSCHIEDENER LEBENSMITTEL

◆

Ein noch so leicht erscheinendes Nahrungsmittel erfordert in einer Mahlzeit eine Kombination mit den richtigen anderen Zutaten, damit es nicht schädlich für den Organismus, schwer verdaulich und daher schlecht für den Stoffwechsel verwendbar wird. Der Magen bildet verschiedene Arten von Magensäften und ändert diesen je nach den zu verarbeitenden Nahrungsmitteln. Nehmen wir Stärke zu uns (Reis, Nudeln, Brot usw.), bildet der Magen einen leicht säuerlichen Magensaft (neutral). Enthält unsere Mahlzeit dagegen viele Proteine (Fleisch, Käse usw.), benötigt der Verdauungsprozess ein sehr starkes Enzym, das durch Salzsäure angeregt wird.

Handelt es sich hierbei nicht um gelegentliche Ausnahmen (vergessen wir nicht den Genuss der kleinen Verstöße), können falsche Nahrungsmittelkombinationen zu Gärung und Fäulnis der Speisen im Darm führen, die wiederum verschiedene Verdauungsprobleme (Kopfschmerzen, Dickdarmentzündung usw.) verursachen und die Abwehrkräfte im Allgemeinen schwächen können.

Generell empfiehlt es sich, die Zusammenstellung Fleisch + Nudeln zu vermeiden (eventuell als einziges Gericht und mit leichter darauffolgender Mahlzeit).

Folgende Zutaten passen gut zu Nudeln:

• **Hülsenfrüchte:** Die Proteine der Hülsenfrüchte ergänzen die der Nudeln, die der zweiten Kategorie angehören, das heißt, ihnen fehlen einige essentielle Aminosäuren;
• **Gemüse:** Roh oder gekocht. In großen Mengen zusammen mit Nudeln zu verwenden. Vorsicht ist nur bei Kartoffeln geboten (die ebenfalls sehr viel Stärke enthalten), ebenso bei Spinat und Tomaten (säurebildende Nahrungsmittel);
• **Obst:** Unterschiedlichen Säuregehalt und Reifegrad beachten. Diese Kombination ist ab und zu mit der notwendigen Vorsicht möglich. Dies gilt ebenfalls für Nüsse;
• **Käse:** Magere Käsesorten vermeiden, lieber reife, leicht fetthaltige Sorten bevorzugen;
• **Milch:** Zusammen mit Nudeln ist sie nicht leicht verdaulich, ab und zu ist diese Zusammenstellung jedoch möglich.

Diese Hinweise sind nur als Ratschläge gedacht, wir möchten keinesfalls von einigen schmackhaften Zubereitungen abraten, die leider völlig den Regeln der Nahrungsmittelkombinationen widersprechen.

In diesen Fällen sollte man sich einfach selbst leicht einschränken, auf Vorspeisen oder Süßspeisen verzichten, kleinere Portionen verzehren und – last but not least – die Verdauung mit Hilfe von etwas Bewegung nach der Mahlzeit anregen.

NUDELARTEN UND -FORMATE

◆

Nudeln entstehen aus der Verarbeitung von Wasser und Weizenmehl.

Es werden zwei Weizentypen unterschieden: Hartweizen, aus dem man durch Mahlen Grieß gewinnt, und Weichweizen, der zur Herstellung von Weizenmehl dient.

Industriell hergestellte trockene Teigwaren enthalten im Allgemeinen nur Weizengrießmehl, was ihre Haltbarkeit, ihre Kochfestigkeit und ihren Geschmack fördert. Da Hartweizenmehl jedoch teurer ist, wird es oftmals mit Weichweizenmehl vermischt.

Das italienische Gesetz schreibt vor, dass die im Handel erhältlichen trockenen Nudeln nicht mehr als 7 % Weichweizenmehl enthalten dürfen, während die ausländischen Gesetzgebungen diese Charakteristik in keinster Weise berücksichtigen; dem Verbraucher wird es aber nicht schwerfallen, die zu vermeidenden Marken zu erkennen. Gute trockene Teigwaren erkennt man an der gelblichen Farbe, dem leicht süßlichen Geschmack und dem völligen Fehlen jeden Geruches. Im Dunkeln und Trockenen aufbewahrt sind sie lange haltbar. Frische Teigwaren dagegen sind nur kurze Zeit im Kühlschrank haltbar (wenige Tage). Die Packungen sind je-des Mal wieder gut zu verschließen, damit keine Fremdkörper hineingelangen.

Ein besonderes Augenmerk verdienen die Vollkornnudeln, das heißt Nudeln, die ohne raffiniertes Mehl hergestellt wurden. Bei der Raffinierung verliert das Mehl die natürlichen Eigenschaften des Weizenkorns, die seine Ausgewogenheit ausmachen: Proteine, Zucker, Fette, Mineralstoffe, Vitamine und Enzyme. Es empfiehlt sich in jedem Fall die Wahl von Vollkornnudeln aus Weizen, der nicht mit Pflanzenschutzmitteln und anderen Giftstoffen behandelt wurde, deren Reste auf dem Weizenkorn haften bleiben.

Außerdem muss man bei der Wahl der Nudeln darauf achten, dass sie tatsächlich aus Vollkornmehl und nicht aus normalem, mit Kleie vermengtem Mehl hergestellt wurden. In diesem Fall weisen die Nudeln nicht die typische, gleichmäßige Bernsteinfarbe auf, sondern eine eher gepunktete Farbe, die von der zugefügten Kleie stammt.

Ob normal oder Vollkorn, auf alle im Handel erhältlichen Nudeln werden die unterschiedlichen Charakteristiken aufgedruckt:
• **Normale, trockene Nudeln:** nur aus Hartweizengrießmehl hergestellt.
• **Trockene Eiernudeln:** werden mit 200 g Ei pro Kilo Grießmehl verarbeitet.
• **Frische oder trockene Spezialnudeln:** aus Grießmehl hergestellt und mit getrocknetem, pulverisierten Spinat oder Tomaten, Tomatenmark und Ei gefärbt (200 g/kg Grieß).
• **Trockene Spezialnudeln:** aus Grieß unter Zugabe eines Anteils an Malz oder Gluten zubereitet, um die Proteinzufuhr auf 15-20 % zu steigern.
• **Frische Nudeln:** dürfen nur aus Grieß, nur aus Mehl oder aus einer Mischung von Grieß und Mehl mit Eiern bzw. anderen Zuta-ten hergestellt werden.

Im Handel finden sich außerdem eine Reihe an Diät-, Kleinkind-, Diabetikernudeln usw. Ist es nicht möglich, direkt in Teigwarengeschäften einzukaufen, empfiehlt sich die Wahl zuverlässiger Marken (die nicht unbedingt die bekanntesten sein müssen), denn oftmals werden die Eier oder andere Zutaten aus Kostengründen durch Zusätze und chemische Farbstoffe ersetzt. Es heißt, dass es in Italien ungefähr 500 Nudelformate geben soll, und auch heute noch erfinden die Hersteller immer neue Formate, um die Aufmerksamkeit der Käufer auf sich zu ziehen. Im Allgemeinen können die handelsüblichen Formate einer der folgenden Gruppen zugeordnet werden:

• **Lange Teigwaren mit rundem Querschnitt** unterschiedlichen Durchmessers (*Vermicelli, Spaghettini ...*) oder hohl (*Bucatini, Zite ...*)
• **Lange Teigwaren mit rechteckigem oder ovalem Querschnitt** wie *Trenette, Linguine, Bavette ...*
• **Lange, breite Teigwaren** wie *Lasagne, Pappardelle* (breite Bandnudeln), *Reginette ...*
• **Nudelnester** wie *Capelli d'angelo* (Fadennudeln), *Fettuccine* (Bandnudeln), *Tagliolini, Tagliatelle* (Bandnudeln) ...
• **Kurze Teigwaren**: *Penne, Conchiglie* (Muscheln), *Ruote* (Rädchen) ...
• **Etwas längere, aber dennoch kurze Teigwaren**: Makkaroni, *Sedanini* (Röhrchen), *Fusilli* (Spiralen) ...

REGELN FÜR GUTE NUDELN

◆

• Das Nudelformat wird vor allem je nach Sauce ausgewählt: Je größer die Nudeln sind, desto üppiger kann die Sauce sein. Während für Fadennudeln Öl (oder Butter) und Käse ausreichen, können Zite-Nudeln gut mit Fleischsaucen, Sahne, Pilzen usw. serviert werden, während sich die kurzen, großen Teigwaren für Rezepte im Ofen eignen.

• Nudeln müssen in reichlich Wasser gekocht werden (ca. 1 l pro 100 g). Das Verhältnis Nudeln/Wasser ändert sich, wenn man weniger als 1/2 kg Nudeln kocht; für 4 Personen nehmen Sie 350 g Pasta und 4 l Wasser.
Das Wasser in einem niedrigen, breiten Topf zum Kochen bringen, so dass die Hitze gleichmäßig an die Nudeln abgegeben wird. Die Flüssigkeit darf nie bis an den Topfrand reichen, da die Nudeln beim Kochen ihr Volumen verdreifachen können.

• Das Wasser erst salzen, wenn es kocht, wobei 10 g Salz pro Liter Wasser ausreichen. Salzwasser kocht bei niedrigeren Temperaturen als nicht gesalzenes Wasser.

• Die Nudeln werden nach und nach in das kochende Wasser gegeben. Sobald das Wasser erneut zu kochen beginnt, die Flamme herunterdrehen, so dass es nur noch leicht köchelt. Gefüllte Teigwaren stellen die Ausnahme zu dieser Regel dar, da sie ins Wasser gegeben werden, bevor es anfängt zu kochen, damit sie nicht durch die Wasserbewegung beschädigt werden.

• Während der gesamten Kochdauer die Nudeln umrühren, damit sie gleichmäßig garen und nicht zusammenkleben. Nützlich ist auch, ein wenig Öl vor den Nudeln ins Wasser zu geben, besonders wenn es sich um Eiernudeln oder gefüllte Nudeln handelt.

• Die Nudeln bissfest abgießen, da die aufgenommene Wassermenge geringer ist und sie leichter verdaulich sind.
Sollten die Nudeln danach in eine Pfanne gegeben oder im

Ofen überbacken werden, empfiehlt es sich, sie vor Ablauf der Garzeit abzugießen. Zur Erkennung der richtigen Kochdauer dienen nicht nur die entsprechenden Angaben auf den einzelnen Packungen, sondern vor allem das Probieren der Nudeln (ist in den Spaghetti noch ein weißes Pünktchen in der Mitte zu sehen, müssen sie noch ca. 1 Minute kochen).

• Nach dem Abschalten des Herdes ein Glas kaltes Wasser in den Topf gießen, um den Kochvorgang zu unterbrechen, und die Nudeln abschütten. Handelt es sich um Kartoffelklößchen oder empfindliche Nudeln, nimmt man einen Schaumlöffel oder ein große Gabel zu Hilfe, gibt die Teigwaren in einen tiefen Teller und gießt das restliche Wasser mit einem Deckel ab.
Kommen die Nudeln hinterher in eine Pfanne oder sieht es das Rezept ausdrücklich vor, lässt man den Nudeln etwas Kochwasser, damit sie besser mit der Sauce zu verrühren sind.

• Zum Umrühren der Nudeln, zur Zubereitung der Saucen und zum Verrühren des Ganzen in einer Schüssel sollten immer Holzlöffel verwendet werden, damit keine möglichen Giftstoffe oder unangenehmer Geschmack auf die Speisen übergehen und damit die Nudeln nicht beschädigt werden.

• Traditionsgemäß gilt folgende Reihenfolge: Nudeln abgießen, geriebenen Käse in eine Schüssel geben (falls erwünscht), die Nudeln zugeben und sorgfältig mit der Sauce verrühren.

ANDERE ZUTATEN
◆

Hier noch die letzten Empfehlungen vor dem Kochen. Alle Zutaten, nicht nur die wichtigsten, sollten so **frisch** wie möglich und von **ausgezeichneter Qualität** sein. Am besten sind Produkte (auch Fleisch, Eier, Butter usw.) aus biologischem Anbau und Zucht, das heißt ohne Verwendung von chemischen Zusätzen. Auch Fisch sollte frisch gekauft werden und aus sauberen Meeren stammen.
Die Natur stellt jedem Koch unzählige Kräuter zur Verfügung. Knoblauch, Basilikum, Lorbeer, Fenchel, Minze, Majoran, Chili

Einleitung

usw. sind häufig die mengenmäßig kleinste Zutat, aber extrem wichtig, um den Nudelgerichten Persönlichkeit zu verleihen. Je besser man sie kennt, um so geschickter kann man sie beim Kochen verwenden.

Wir empfehlen, nicht zu viele Kräuter in einem Gericht zu mischen und sie nur in Maßen einzusetzen, damit sie nicht den Geschmack der anderen Zutaten überdecken. Außerdem möchten wir daran erinnern, dass das üblicherweise verwendete Salz durch umstrittene Raffinierungsprozesse hergestellt wird und größtenteils aus Natriumchlorid besteht.

Durch die Raffinierung gehen lebenswichtige Elemente verloren, die es anfänglich besitzt, und die auch in geringen Mengen eine wichtige biologische Funktion ausüben.

Das in den nachfolgenden Rezepten genannte Salz ist daher nicht raffiniertes Salz, sondern das inzwischen problemlos erhältliche, grobe oder feine Voll-Meersalz. Dieses Salz wird nicht raffiniert und enthält Chlor, Natrium, Magnesium, Schwefel, Kalzium, Kalium, Brom, Kohlenstoff, Strontium, Si-lizium, Fluor, Zink, Phosphor usw.

HINWEIS
Die Mengenangaben der Rezepte sind für 4-6 Personen geeignet.

Pasta
mit Fleisch

 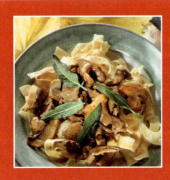 

BIGOLI MIT ENTE

◆

400 g Bigoli-Nudeln (Grundrezept auf S. 137), 1 kleine Ente, 1 Möhre, 1 Zwiebel, 1 Stange Staudensellerie, 2 Knoblauchzehen, 1 Bund Kräuter (Lorbeer, Rosmarin, Petersilie, Basilikum), 300 g gehackte Dosentomaten, 20 schwarze Oliven (nach Wunsch), 1/2 l trockener Weißwein, Olivenöl extra vergine, Salz, Pfeffer.

Die Ente säubern und die Federreste absengen. Möhre, Zwiebel, Sellerie, Knoblauch und Kräuter hacken und zusammen mit einigen Esslöffeln Öl und der Ente anbraten.
Mit Wein ablöschen und einkochen lassen, die gehackten Tomaten zugeben, salzen und pfeffern.
Ca. 2 Stunden bei mäßiger Hitze im geschlossenen Topf kochen lassen – falls erforderlich ab und zu etwas heiße Brühe oder Wasser zugießen.
Danach die Ente herausnehmen, entbeinen und das Fleisch in Streifen schneiden. Die Kochflüssigkeit durch ein Sieb streichen, erhitzen und die entsteinten, halbierten Oliven zugeben. Ca. 15 Minuten kochen lassen, dann auch das Fleisch unterrühren und erwärmen. In der Zwischenzeit die Bigoli in reichlich Salzwasser bissfest kochen, abgießen und mit der Sauce verrühren.

BUCATINI ALL'AMATRICIANA

◆

400 g Bucatini-Nudeln, 200 g magerer Wangenspeck oder Bauchspeck am Stück, 300 g reife, feste, kleine Tomaten, 1/2 Zwiebel, Brühe, Olivenöl extra vergine, geriebener Schafskäse (Pecorino), Salz, Chili.

Den Wangenspeck würfeln und in einigen Löffeln Öl anbraten; sobald das Fett ausgelassen ist, herausnehmen und beiseite stellen. Im Kochfond die feingehackte Zwiebel anbräunen, die kleingeschnittenen, entkernten Tomaten zugeben (zum Häuten mit heißem Wasser überbrühen). Salzen und die Sauce zehn Minuten einkochen lassen, danach erneut den Wangenspeck mitkochen und mit Chili würzen. Die in reichlich Salzwasser bissfest gekochten Bucatini-Nudeln mit der Sauce vermengen und großzügig geriebenen Schafskäse darauf verteilen.
Ursprünglich sah das Rezept keine oder wenige Tomaten vor, weshalb man sie auch weglassen oder reduzieren kann.

BUCATINI MIT LAMM UND PAPRIKA

◆

400 g Bucatini-Nudeln, 200 g Lammfleisch, 500 g gehackte Dosentomaten, 2 rote oder gelbe Paprikaschoten, 2 Knoblauchzehen, Lorbeer, 1/2 Glas trockener Weißwein, Olivenöl extra vergine, Salz, Chili.

In einem Tontopf den zerdrückten Knoblauch und den Lorbeer in einigen Esslöffeln Öl dünsten, das kleingeschnittene Lammfleisch zugeben und anbraten.
Die Knoblauchzehen herausnehmen, mit Wein ablöschen und bei kräftiger Hitze einkochen lassen. Die Samen und Innenhäutchen aus den Paprikaschoten entfernen, diese in Streifen schneiden, kurz dünsten und die gehackten Tomaten zugeben.
Bei kräftiger Hitze zum Kochen bringen, die Flamme herunterdrehen, den Topf zudecken und weiterkochen, bis das Fleisch gar ist. Vor dem Abschalten mit Salz und Chili abschmecken.

Die Bucatini in reichlich Salzwasser bissfest kochen, abgießen, mit einem Schuss Öl verrühren, auf einem Servierteller anrichten und die Sauce darauf verteilen.

BUCATINI AUS DEN MARKEN
◆

400 g Bucatini-Nudeln, 100 g roher Schinken und Bauchspeck, 400 g gehackte Dosentomaten, 1 Zwiebel, 1 Möhre, 1 Stange Staudensellerie, Rotwein, geriebener Schafskäse, Olivenöl extra vergine, Salz, Pfeffer.

Zwiebel, Möhre und Sellerie kleinhacken und in einem Topf in etwas Öl dünsten. Den gewürfelten rohen Schinken und Bauchspeck zugeben, mit Wein ablöschen und einkochen lassen. Zum Schluss die Tomaten unterrühren, salzen, pfeffern und ca. eine halbe Stunde kochen lassen. In der Zwischenzeit die Bucatini in reichlich Salzwasser bissfest kochen, abgießen und mit der Sauce verrühren. Mit viel geriebenem Schafskäse bestreuen und sehr heiß servieren.

CAVATIEDDI MIT SCHINKEN
◆

400 g Cavatieddi (Grundrezept auf S. 133), 100 g roher Schinken am Stück, 500 g reife, feste Tomaten, 1 Zwiebel, 1 Möhre, 1/2 Stange Staudensellerie, Rotwein, Olivenöl extra vergine, geriebener Schafskäse, Salz, Chili.

Zwiebel, Möhre und Sellerie hacken und in einem Tontopf in etwas Öl dünsten. Den gewürfelten Schinken zugeben, anbraten, mit Wein ablöschen und einkochen. Die Tomaten zum Häuten mit heißem Wasser überbrühen, entkernen, kleinschneiden und ebenfalls in den Topf geben. Mit Salz und einer Prise Chili abschmecken und ca. 20 Minuten kochen lassen. Die Cavatieddi in reichlich Salzwasser bissfest kochen, abgießen, mit der Sauce verrühren und mit geriebenem Schafskäse bestreuen.

FARFALLE MIT TRUTHAHN- UND ERBSENSAUCE
◆

400 g Farfalle-Nudeln, 200 g Truthahnbrust, 100 g Speck vom Stück, 500 g reife, feste Tomaten, 200 g entschotete Erbsen, 1 Zwiebel, Majoran, Olivenöl extra vergine, Salz, Pfeffer.

Die Zwiebel hacken und zusammen mit dem gewürfelten Speck in einigen Esslöffeln Öl dünsten; danach das in Streifen geschnittene Truthahnfleisch zugeben und anbraten.
Die Tomaten zum Häuten mit heißem Wasser überbrühen, entkernen, hacken und mit den bereits 10 Minuten in Salzwasser gekochten Erbsen zu dem Fleisch geben. Die Sauce leicht einkochen lassen und mit Salz, Pfeffer und Majoran abschmecken.
Ab und zu etwas Wasser nachgießen, falls die Sauce zu sehr eindickt. Die Farfalle bissfest kochen, abgießen und mit der Sauce vermengen.

BANDNUDELN NACH PAPALINA-ART
◆

400 g Bandnudeln (Grundrezept auf S. 138), 100 g gekochter Schinken in dünnen Scheiben, 200 g kleine Erbsen, 1/2 Zwiebel, 2 Eier, 4 Esslöffel geriebener Parmesankäse, Olivenöl extra vergine, Salz, Pfefferkörner.

Die gehackte Zwiebel in einigen Esslöffeln Öl bei kräftiger Hitze dünsten, die Erbsen zugeben, salzen und pfeffern. Die Temperatur heruntersetzen, den Topf zudecken und fertig kochen, eventuell etwas heißes Wasser zugießen. Kurz vor dem Abschalten den Schinken in feine Streifen schneiden und zu den Erbsen geben. In der Zwischenzeit in einer lauwarmen Schüssel sorgfältig die Eier mit dem Parmesankäse, einer Prise Salz und frisch gemahlenem Pfeffer vermengen. Die Nudeln bissfest abgießen, in die Schüssel mit den Eiern füllen und gut mit der Erbsensauce verrühren.

FETTUCCINE NACH RÖMERART

◆

400 g Fettuccine (Grundrezept auf S. 138), 300 g Rindfleisch, 500 g reife, feste Tomaten, 1 Zwiebel, 1 Möhre, 1 Stange Staudensellerie, 1/2 Glas Rotwein, 1 Esslöffel Schmalz, Salz, Chili.

Zwiebel, Möhre und Sellerie kleinhacken, im Schmalz dünsten, das in kleine Stücke geschnittene, mit Salz und Chili bestreute Rindfleisch zugeben. Mit Wein ablöschen, einkochen lassen und die entkernten, kleingeschnittenen Tomaten zugeben, die zum Häuten mit heißem Wasser überbrüht wurden. Mit Salz abschmecken und die Sauce zum Kochen bringen. Die Fettuccine in reichlich Salzwasser bissfest kochen, abgießen, in eine Schüssel geben, mit der Fleischsauce vermengen und heiß servieren.

FILATIEDDI MIT SAUCE

◆

400 g Filatieddi-Nudeln (Grundrezept auf S. 137), 800 g Lammschulter, 500 g reife Tomaten, 80 g getrocknete Pilze, 1/2 Zwiebel, 1 Esslöffel gehackte Petersilie, 1 Prise rotes Chilipulver, 60 g geriebener Schafskäse, 1 Esslöffel Mehl, 1/2 Glas trockener Weißwein, 100 g Schmalz, 2 Esslöffel Olivenöl extra vergine, Salz.

Das Schmalz in einem Schmortopf auslassen, das kleingeschnittene Lamm zugeben, mit Salz und Chili würzen und bei niedriger Hitze im geschlossenen Topf 25 Minuten anbraten.
Die getrockneten Pilze 15 Minuten in lauwarmem Wasser einweichen und kleinschneiden. Das Lamm aus dem Schmortopf nehmen und warmstellen; dem Bratenfond das Öl und die Pilze zufügen, einige Minuten kräftig anbraten und zu dem Lamm geben. Ebenfalls im Bratenfond die feingehackte Zwiebel glasig dünsten, mit Wein ablöschen und einkochen lassen. Den Topf vom Feuer nehmen, das Mehl zu der Zwiebel geben und unter Rühren anschwitzen. Sobald das Mehl Farbe annimmt, die passierten Tomaten unterrühren, salzen und 20 Minuten kochen. In der Zwischenzeit einen Topf mit reichlich Salzwasser zum Kochen bringen. Die Lammstücke und die Pilze zu der Sauce geben, den Schmortopf schließen und weitere 10 Minuten kochen. Zum Schluss die gehackte Petersilie zugeben. Die Filatieddi bissfest kochen, abgießen, auf einem warmen Servierteller anrichten, die Lammsauce darauf verteilen und mit reichlich geriebenem Schafskäse bestreuen.

FUSILLI MIT BRATWURST UND STEINPILZEN

◆

400 g Fusilli-Nudeln, 200 g Bratwurst, 300 g frische Steinpilze oder 30 g getrocknete Steinpilze, 300 g gehackte Dosentomaten, 1 Zwiebel, 1 kleine Möhre, Lorbeer, Majoran, Olivenöl extra vergine, Salz, Pfeffer.

Die Pilze sorgfältig säubern und in Scheiben schneiden; im Fall von getrockneten Pilzen, diese in lauwarmem Wasser einweichen. Zwiebel und Möhre hacken und in einem Topf in etwas Öl dünsten. Bevor die Zwiebel anfängt zu bräunen, die gehäutete, kleingeschnittene Bratwurst, die Pilze und ein zerkleinertes Lorbeerblatt zugeben. Unter Rühren einige Minuten anbraten lassen, die Tomaten einrühren, salzen und pfeffern. Die Hitze herunterdrehen und die Sauce im geschlossenen Topf fertigkochen.
Falls erforderlich, ab und zu etwas heißes Wasser oder Brühe nachgießen (oder das Einweichwasser der getrockneten Pilze, das durch ein Baumwolltuch gefiltert wurde). Vor dem Abschalten mit feingehacktem Majoran würzen. Eine schmackhafte Variante ist die Kombination Bratwurst/Artischocken. Die Spitzen und die äußeren harten Blätter der Artischocken entfernen, die Artischocken achteln, in Zitronenwasser liegenlassen und mit der gehackten Zwiebel und Möhre mitdünsten. In beiden Fällen die Fusilli, die in reichlich Salzwasser bissfest gekocht wurden, mit sehr heißer Sauce vermengen.

GARGANELLI MIT PILZEN

◆

400 g Garganelli-Nudeln (Grundrezept auf S. 137), 200 g Steinpilze, 150 g Bauchspeck in dicken Scheiben, 4 Tomaten, 1 Knoblauchzehe, 30 g Butter, 1 Bund Petersilie, geriebener Parmesankäse, Salz, Pfeffer.

Die Pilze mit Hilfe einer Bürste und eines Baumwolltuches ohne Wasser säubern, in Scheiben schneiden, den Bauchspeck würfeln und alles bei kräftiger Hitze in Butter dünsten; mit einem Holzlöffel rühren und den zerdrückten Knoblauch zugeben.
Die geschälten, entkernten und zerkleinerten Tomaten unterrühren. Bei niedriger Hitze einkochen lassen und den Knoblauch herausnehmen. Die Garganelli in reichlich Salzwasser bissfest kochen, abgießen und in eine Schüssel geben. Mit der Sauce verrühren, mit gehackter Petersilie garnieren und mit reichlich geriebenem Parmesankäse bestreuen. Sofort servieren.

SCHMACKHAFTE GARGANELLI

◆

400 g Garganelli (Grundrezept auf S. 137), 100 g Hackfleisch, 1 Tasse Tomatensauce, 1 Tasse Béchamelsauce (siehe S. 141), 1 Lauchstange, 1 kleiner Zweig Rosmarin, Olivenöl extra vergine, geriebener Parmesankäse, Salz, Pfeffer.

Den dünn geschnittenen Lauch mit dem Rosmarin in etwas Öl dünsten. Das Hackfleisch, eine Prise Salz und eine Prise Pfeffer zugeben und anbraten. Die Tomatensauce einrühren und einkochen lassen, bis die Sauce eindickt. Die Garganelli in reichlich Salzwasser bissfest kochen, abgießen und in die Pfanne zu der Sauce geben. Die Béchamelsauce zufügen und alles verrühren. Vom Herd nehmen, mit geriebenem Parmesankäse bestreuen und heiß servieren.

MAKKARONI MIT KLOPSEN

◆

400 g Makkaroni, 200 g gehacktes Rindfleisch, 500 g gehackte Dosentomaten, 1 kleine Möhre, 1/2 Zwiebel, 1/2 Stange Staudensellerie, 1 Bund Petersilie, 1 Lorbeerblatt, 1 Knoblauchzehe, Basilikum, 2 Esslöffel geriebener Parmesankäse, Krume von 1 altbackenen Brötchen, 1 Ei, Milch, Olivenöl extra vergine, Salz, Chilipulver.

Die Brotkrume in etwas Milch einweichen, ausdrücken und mit der gehackten Petersilie, dem Knoblauch, ein wenig geriebenem Parmesankäse, einer Prise Salz und einer Prise Chili zu dem Fleisch geben.
Die Zutaten mit einem Eigelb gut vermengen; die Masse darf nicht zu weich sein, damit sich die Klopse nicht in der Sauce auflösen.
Viele olivengroße Klopse formen und im Öl braten. Herausnehmen, sobald sie gleichmäßig gebräunt sind, und beiseite stellen. Zwiebel, Sellerie und Möhre hacken, mit 2-3 Esslöffeln Öl in einen sauberen Topf geben und dünsten. Tomaten, Salz und das Lorbeerblatt zugeben und zum Kochen bringen. Einige Minuten vor dem Abschalten das Lorbeerblatt herausnehmen, die Klopse, eine Prise Chili und zerkleinertes Basilikum in die Sauce geben; kurz kochen lassen und abschalten.
Die Makkaroni in reichlich Salzwasser bissfest kochen, abgießen und mit einem Teil der Sauce verrühren; mit der restlichen Sauce garnieren und mit geriebenem Parmesankäse servieren.

MAKKARONI MIT BRATWURST UND RICOTTA

◆

400 g Makkaroni, 400 g Ricotta (oder Quark), 150 g Bratwurst, geriebener Schafskäse, Olivenöl extra vergine, Salz, Pfeffer.

Den Ricotta lange mit etwas Salz, reichlich frisch gemahlenem Pfeffer und der Bratwurst verrühren, die zuvor gehäutet und ohne Zutaten in ihrem eigenen Fett angebraten wurde. Sobald eine cremeartige Masse entsteht, beiseite stellen und die Nudeln in reichlich Salzwasser kochen.
Die Makkaroni bissfest abgießen und in eine Schüssel geben. Den Ricotta mit einigen Esslöffeln des Kochwassers verdünnen, zu den Nudeln geben, sorg-

fältig verrühren, mit etwas geriebenem Schafskäse bestreuen und mit einem Schuss Öl beträufeln.

MALLOREDDUS MIT WILDSCHWEINSAUCE

◆

400 g Malloreddus (Grundrezept auf S. 134), 450 g gehacktes Wildschweinfleisch, 450 g passierte Dosentomaten, 1 Zwiebel, einige Lorbeerblätter, geriebener Schafskäse, Olivenöl extra vergine, Salz, Pfeffer.

In einer Pfanne die gehackte Zwiebel in reichlich Öl dünsten, das gehackte Wildschweinfleisch zugeben, salzen, pfeffern und einige Minuten anbraten. Die passierten Tomaten mit einigen Lorbeerblättern hinzufügen und zwei Stunden köcheln lassen.
Die Malloreddus in reichlich Salzwasser bissfest kochen, abgießen, mit der Sauce vermengen und mit geriebenem Schafskäse bestreuen.

ORECCHIETTE NACH LUKANER ART

◆

400 g Orecchiette-Nudeln (Grundrezept auf S. 135), 300 g gehacktes Kalbsfleisch, 500 g reife, feste Tomaten, 1 Zwiebel, einige Basilikumblätter, Olivenöl extra vergine, geriebener Schafskäse, Salz, Chili.

Die gehackte Zwiebel in einem Tontopf in einigen Esslöffeln Öl glasig dünsten, das gehackte Fleisch zugeben, salzen und unter Rühren einige Minuten anbraten.
Die Tomaten mit heißem Wasser überbrühen, schälen, entkernen, kleinschneiden und ebenfalls zugeben. Bei niedriger Hitze 2 Stunden kochen, ab und zu umrühren und eventuell etwas heißes Wasser zugießen. Vor dem Abschalten mit Salz, Chili und zerkleinertem Basilikum abschmecken.
Die Orecchiette in reichlich Salzwasser kochen, abgießen, mit der Sauce vermengen und mit geriebenem Schafskäse bestreuen.

PAPPARDELLE MIT HIRSCH UND STEINPILZEN

400 g Pappardelle (Grundrezept auf S. 138), 350 g Hirschkeule, 150 g Steinpilze, 1/2 l Rotwein, 1 Frühlingszwiebel, 1 kleine Möhre, 2 Lorbeerblätter, 1 kleiner Zweig Rosmarin, 40 g Butter, geriebener Parmesankäse, Salz, Pfeffer.

Das Hirschfleisch in kleine Würfel schneiden und 12 Stunden im Rotwein (ein Glas davon beiseite stellen) mit den Kräutern und dem gesäuberten, grob zerkleinerten Gemüse marinieren.
Das Fleisch aus der Marinade nehmen, Kräuter und Gemüse ebenfalls herausnehmen, kleinhacken und in Butter dünsten.
Die Steinpilze abbürsten und mit einem Baumwolltuch die Erde entfernen, in dünne Scheiben schneiden und getrennt in etwas Butter dünsten.
Die Hirschfleischwürfel zu dem Gemüse geben, bei kräftiger Hitze einige Minuten anbraten und mit einem Glas Rotwein ablöschen; salzen und pfeffern. Die Temperatur herunterdrehen, den Topf schließen und eine halbe Stunde garen lassen.
Am Ende der Garzeit die Pilze in die Fleischsauce mengen. Die Nudeln in reichlich Salzwasser kochen, abgießen

und in die Pfanne zu der Sauce geben. Kurz erhitzen und mit viel geriebenem Parmesankäse servieren.

PAPPARDELLE MIT WILDSCHWEIN

400 g Pappardelle (Grundrezept auf S. 138), 400 g mageres, grob gehacktes Wildschweinfleisch, 350 g gehackte Dosentomaten, 1 Esslöffel Tomatenmark, 1 Zwiebel, 1 kleine Möhre, 1 Stange Staudensellerie, 2 Lorbeerblätter, 1 Glas Rotwein, Olivenöl extra vergine, Salz, Chili.

Zwiebel, Möhre und Sellerie hacken und in einem Schmortopf in etwas Öl dünsten, das gehackte Wildschweinfleisch zugeben und kräftig anbraten. Mit Rotwein ablöschen und einkochen lassen. Die gehackten Tomaten und das in wenig heißem Wasser aufgelöste Tomatenmark hinzufügen. Salzen, mit Chili und Lorbeer würzen und ca. 1 1/2 Stunden köcheln lassen.
Die Pappardelle in reichlich Salzwasser bissfest kochen, abgießen und vor dem Servieren zur Wildschweinsauce in die Pfanne geben.
Einige Varianten sehen zwei Drittel Wildschweinfleisch und ein Drittel Rindfleisch vor, um den typischen Wildgeschmack des Wildschweins abzuschwächen. In anderen Rezeptversionen dagegen wird nur etwas mehr Tomatenmark und keine gehackten Tomaten verwendet.

PAPPARDELLE MIT HASE

400 g Pappardelle (Grundrezept auf S. 138), 1 kleiner Hase, 50 g Bauchspeck, 1/2 Zwiebel, 1 kleine Möhre, 1/2 Stange Staudensellerie, 1 Knoblauchzehe, Rosmarin, 1 Esslöffel Tomatenmark (oder 150 ml Milch), 1 Glas Rotwein, Olivenöl extra vergine, Salz, Pfeffer.

Den Hasen säubern und das Vorderteil (Kopf und Schultern), Herz und Leber für die Sauce aufbewahren; unter fließendem, kaltem Wasser waschen, trocknen und zerlegen, ohne die Knochen zu beschädigen.
Bauchspeck, Knoblauch, Zwiebel, Möhre und Sellerie in einigen Esslöffeln Öl weichdünsten und die Hasenstücke samt Innereien zugeben. Bei kräftiger Hitze anbraten, mit Wein ablöschen, einkochen lassen und mit Salz, Pfeffer und gehackten Rosmarinnadeln würzen.
Nach einigen Minuten das in wenig warmem Wasser aufgelöste Tomatenmark unterrühren. Die Hitze herunterdrehen, den Topf schließen und ca. eine halbe Stunde weiterkochen – falls erforderlich ab und zu etwas heiße Brühe oder Wasser nachgießen.
Sobald der Hase gar ist, die Fleischstücke entbeinen.
Die Sauce durch ein Sieb streichen, erneut auf den Herd stellen, das gehackte Fleisch und die kleingeschnittenen Innereien zugeben. Alles gut erhitzen, bevor die Sauce mit den Pappardelle-Bandnudeln verrührt wird, die man in der Zwischenzeit in reichlich Salzwasser bissfest kocht.
Eine Rezeptversion sieht die Verwendung von Milch anstelle der Tomaten vor.

PAPPARDELLE MIT FASAN

◆

400 g Pappardelle (Grundrezept auf S. 138), 1/2 Fasan, 1 Gläschen Kognak, 1 Glas trockener Weißwein, 1 Tasse Gemüsebrühe, einige Salbeiblätter, 1 kleiner Zweig Rosmarin, 60 g Butter, 1 Esslöffel flüssige Sahne, geriebener Parmesankäse, Salz.

Den gerupften Fasan entbeinen, säubern, unter fließendem, kaltem Wasser abspülen, abtrocknen, in kleine Streifen schneiden und diese in 30 g Butter mit einigen Salbeiblättern anbraten.
Wenn das Fleisch gebräunt ist, mit Kognak bespritzen, dann mit Wein ablöschen und einkochen lassen.
Die Hitze herunterdrehen, den Topf schließen und eine halbe Stunde garen lassen, dabei ab und zu etwas heiße Brühe nachgießen.
Die Fasanenleber und den Kochfond durch ein Sieb streichen und die restliche Butter in einem kleinen Topf zusammen mit dem Rosmarin auslassen.
Die Nudeln in reichlich Salzwasser bissfest kochen, abgießen und in die Pfanne zu dem Fasanenfleisch geben. Mit dem Kochfond, der aromatisierten, geschmolzenen Butter und der flüssigen Sahne vermengen. Mit reichlich geriebenem Parmesankäse bestreut servieren.

PENNE NACH CUBA-ART

◆

400 g Penne, 100 g gekochter Schinken am Stück, 300 g frische Pilze, 300 g kleine, reife, feste Tomaten (nach Wunsch), 1 Knoblauchzehe, 1 Bund Petersilie, 1/2 l Sahne, Olivenöl extra vergine, Salz, Chili.

Die Pilze sorgfältig säubern ohne sie zu waschen, mit einem Baumwolltuch die Erdreste beseitigen und in Scheiben schneiden. Den zerdrückten Knoblauch in einigen Esslöffeln Öl anbraten, herausnehmen, sobald er zu bräunen beginnt und die Pilze dünsten.
Sollten auch die Tomaten verwendet werden, diese mit heißem Wasser überbrühen, häuten, entkernen, kleinschneiden und zu den Pilzen geben. Salzen, bei niedriger Hitze im offenen Topf zum Kochen bringen – falls erforderlich, etwas heißes Salzwasser oder Brühe zugießen. In einer Schüssel den gewürfelten Schinken mit der Sahne, einer Prise Chili und feingehackter Petersilie vermengen.
Die Nudeln bissfest kochen, abgießen und in die Pfanne zu den Pilzen geben. Die Sahne mit dem Schinken darübergießen, sorgfältig verrühren und heiß servieren.

PICI MIT KANINCHENSAUCE

◆

400 g Pici-Nudeln (Grundrezept auf S. 135), 1/2 Kaninchen, 300 g Tomatensauce, 100 g Bauchspeck, 1 Zwiebel, 1 Möhre, 2 Stangen Staudensellerie, 2 Knoblauchzehen, 2 Lorbeerblätter, 1/2 l Rotwein, Olivenöl extra vergine, Salz, Pfeffer.

Das Kaninchen über Nacht in eine Schüssel mit einer Marinade aus Wein,

Kräutern und dem grob zerkleinerten Gemüse legen. Am nächsten Morgen das Gemüse herausnehmen, feinhacken und in etwas Öl mit Speck dünsten. Das Kaninchen ebenfalls aus der Marinade nehmen, zerlegen und zu dem angebräunten Gemüse geben. Das Fleisch anbraten, mit dem Wein der Marinade ablöschen, beinahe vollständig einkochen lassen, bevor die Tomatensauce eingerührt wird. Mit Salz abschmecken, zudecken und bei mäßiger Hitze ca. 1 1/2 Stunden garen lassen.

Wenn die Sauce fertig ist, das Kaninchen herausnehmen, entbeinen und das Fleisch in kleine Stücke schneiden. Den Kochfond pürieren bis er cremig wird und erneut die Fleischstücke zugeben. Zugedeckt durchziehen lassen, während man die Nudeln zubereitet. Die Pici in reichlich Salzwasser bissfest kochen, abgießen, in die heiße Pfanne zu der Kaninchensauce geben und kurz erhitzen.

Die Paprika im Ofen rösten, häuten, die Samen und Innenhäutchen entfernen und in kleine Streifen schneiden. Die Schlackwurstwürfel, die Paprikastreifen, den Knoblauch und eine Prise Salz in etwas Öl anbraten. Die Tomatensauce unterrühren und einige Minuten einkochen lassen.

Die Nudeln bissfest kochen, abgießen und in den Topf zu der Sauce geben. Wenige Minuten erhitzen, mit geriebenem Parmesankäse bestreuen und sehr heiß servieren.

PISAREI, SCHLACKWURST UND PAPRIKA
◆

400 g Pisarei-Nudeln (Grundrezept auf S. 136), 1/2 Schlackwurst, 1 Paprikaschote, 1 Knoblauchzehe, 1 Schöpfkelle Tomatensauce, Olivenöl extra vergine, geriebener Parmesankäse, Salz.

Die Schlackwurst entsprechend der Anweisung auf der Verpackung kochen, abkühlen lassen, häuten und in kleine Würfel schneiden. Handelt es sich um eine hausgemachte Schlackwurst, muss sie zum Kochen in ein weißes Baumwolltuch gewickelt und die Enden mit Küchenfaden zugebunden werden.

PIZZOCCHERI MIT GEKOCHTEM SCHINKEN
◆

400 g Pizzoccheri-Nudeln (Grundrezept auf S. 136), 150 g dick geschnittener, gekochter Schinken, 40 g Butter, 2 Esslöffel flüssige Sahne, 2 Salbeiblätter, geriebener Parmesankäse, Muskatnuss, Salz.

Den Schinken in kleine Streifen schneiden und in einem kleinen Topf mit den Salbeiblättern die Butter auslassen. Die Pizzoccheri in reichlich Salzwasser kochen, abgießen und in eine Pfanne füllen. Die geschmolzene Butter, Sahne, eine Prise Salz und etwas geriebene Muskatnuss zugeben.

Alles gut vermengen und wenige Minuten erhitzen.

Sofort mit viel geriebenem Parmesankäse servieren.

REGINETTE MIT SPECK

◆

400 g Reginette-Nudeln, 200 g Speck in dicken Scheiben, 100 g entschotete Erbsen, 2 Knoblauchzehen, 1/2 Glas trockener Weißwein, Olivenöl extra vergine, geriebener Parmesankäse, Salz, Pfeffer.

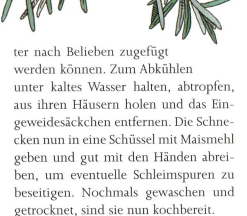

Die Erbsen 10 Minuten im Salzwasser kochen, abgießen und beiseite stellen. Den Speck in kleine Würfel schneiden und in einigen Esslöffeln Olivenöl zusammen mit den leicht zerdrückten Knoblauchzehen und den Erbsen anbraten. Den Knoblauch herausnehmen, sobald er zu bräunen beginnt. Mit Wein ablöschen und einkochen lassen. Salzen, pfeffern und bei niedriger Hitze weitere 10 Minuten auf dem Herd lassen. In der Zwischenzeit die Reginette in reichlich Salzwasser bissfest kochen, abgießen und in die Pfanne zum Speck und zu den Erbsen geben. Unter Rühren kurz erhitzen, mit frisch gemahlenem Pfeffer abschmecken und mit geriebenem Parmesankäse bestreuen.
Einige Versionen dieses Rezeptes sehen zum besseren Legieren die Zugabe von 2-3 Esslöffeln Sahne vor.

REGINETTE MIT SCHNECKENSAUCE

◆

400 g Reginette, 1 kg Schnecken, 500 g reife, feste Tomaten, 1 Zwiebel, 1 Stange Staudensellerie, 1 Knoblauchzehe, 1 Lorbeerblatt, 1 Bund Kräuter (Rosmarin, Thymian, Basilikum), 1 Bund Petersilie, 1 Glas Weißwein, Maismehl, geriebener Parmesankäse, Olivenöl extra vergine, Salz, Pfeffer.

Die Schnecken säubern und 10 Minuten im Salzwasser kochen, dem Kräuter nach Belieben zugefügt werden können. Zum Abkühlen unter kaltes Wasser halten, abtropfen, aus ihren Häusern holen und das Eingeweidesäckchen entfernen. Die Schnecken nun in eine Schüssel mit Maismehl geben und gut mit den Händen abreiben, um eventuelle Schleimspuren zu beseitigen. Nochmals gewaschen und getrocknet, sind sie nun kochbereit.
In einem Topf (möglichst aus Ton) die gehackte Zwiebel, die zerdrückte Knoblauchzehe und den Lorbeer dünsten. Die Schnecken hinzufügen, rühren, Sellerie und Petersilie sehr fein hacken und zugeben.
Den Topf schließen und einige Minuten garen lassen; mit Wein ablöschen, die Hitze erhöhen und einkochen lassen. Die geschälten (dazu mit heißem Wasser überbrühen), entkernten, kleingeschnittenen Tomaten unterrühren und langsam auf niedriger Hitze einkochen. Mit Salz, Pfeffer und feingehackten Kräutern würzen.
Die Reginette in reichlich Salzwasser bissfest kochen und abgießen; die Schneckensauce darauf verteilen, mit viel geriebenem Parmesankäse bestreuen und in einer heißen Suppenschüssel servieren.

SPAGHETTI ALLA CHITARRA MIT FLEISCHSAUCE

◆

400 g Spaghetti (Grundrezept auf S. 136), 500 g Schweinefleisch (eine Scheibe), 4 Scheiben Bauchspeck, 1 Stück Speck, 500 g reife, feste Tomaten, 3 Knoblauchzehen, 1 Bund Petersilie, Rotwein, 1 Esslöffel Schmalz, frischer Schafskäse, Salz, Pfefferkörner.

Zwei Knoblauchzehen mit etwas Petersilie hacken und zusammen mit ein wenig frisch gemahlenem Pfeffer und dem Schmalz vermengen. Solange durcharbeiten, bis eine homogene Sauce entsteht, die auf die mit einem Fleischhammer oder einer Messerklinge geklopfte Scheibe Schweinefleisch gestrichen wird. Auf die Sauce die Bauchspeckscheiben und einige Stücke Schafskäse legen. Das Fleisch aufrollen und mit Zahnstochern oder Küchenfaden festhalten. Den kleingeschnittenen Speck und die verbliebene Knoblauchzehe in einem Tontopf anbraten, danach das Fleisch zugeben. Mit etwas Wein ablöschen, einkochen lassen und mit Salz und Pfeffer würzen. Die zuvor zum Schälen mit heißem Wasser überbrühten, entkernten und grob zerkleinerten Tomaten unterrühren. Die Sauce zum Kochen bringen. Vor dem Abschalten das Fleisch herausnehmen und warmstellen. Die Spaghetti in reichlich Salzwasser bissfest kochen, abgießen und mit der Sauce vermischen. Das Fleisch dagegen wird in Scheiben geschnitten als zweiter Gang serviert.

BANDNUDELN MIT KANINCHEN

◆

400 g Bandnudeln (Grundrezept auf S. 138), 200 g Kaninchenfleisch, 1 Knoblauchzehe, einige kleine Zweige Rosmarin, Weizenmehl, 1/2 Glas trockener Weißwein, Olivenöl extra vergine, Butter, Salz, Pfeffer.

Das Kaninchenfleisch in kleine Stücke schneiden und in eine Marinade aus Wein, einer Prise Salz, einer Prise Pfeffer und einem zerbrochenen Zweig Rosmarin legen. Nach ca. 1 Stunde herausnehmen und in einigen Esslöffeln Öl mit der Knoblauchzehe anbraten. Wenn das Fleisch gebräunt ist, salzen und immer wieder mit der Marinade begießen. Das Kaninchen aus der Sauce nehmen und beiseite stellen. Ein nussgroßes Stück Butter mit einem Teelöffel Mehl vermengen und im Bratenfond auslassen. Sobald die Sauce eindickt, erneut das Kaninchen zugeben. In der Zwischenzeit die Bandnudeln bissfest kochen, abgießen und kurz in der Pfanne mit dem Fleisch erhitzen.

BANDNUDELN MIT RAGOUT ALLA BOLOGNESE

◆

400 g Bandnudeln (Grundrezept auf S. 138), 200 g gehacktes Rindfleisch, 50 g Bauchspeck am Stück, 1/2 Zwiebel, 1 kleine Möhre, 1/2 Stange Staudensellerie, 2 Esslöffel Tomatenmark, 1/2 Glas Rotwein, Brühe, 3 Esslöffel geriebener Parmesankäse, Olivenöl extra vergine, Salz, Pfeffer.

Zwiebel, Möhre, Sellerie und getrennt den Speck kleinhacken.
Letzteren mit einigen Esslöffeln Öl anbraten (nicht zu viel, falls der Speck fett ist); sobald das Fett unter ständigem Rühren ausgelassen ist, das gehackte Gemüse zugeben und dünsten.
Das Rinderhackfleisch unterrühren und anbraten.
Ständig weiterrühren, damit das Fleisch gleichmäßig gebräunt wird; mit Wein ablöschen und einkochen lassen.
Das in etwas heißer Brühe aufgelöste Tomatenmark zugießen, salzen und pfeffern. Die Hitze reduzieren und im zugedeckten Topf ca. 2 Stunden kochen lassen. Ab und zu ein wenig heiße Brühe nachgießen.
Die Bandnudeln bissfest kochen, abgießen und mit einem Teil der Sauce verrühren. Zusammen mit der restlichen Sauce in einem Saucentopf und mit geriebenem Parmesankäse servieren.
Die Sauce kann auf verschiedene Weisen zubereitet werden. Je nach Geschmack kann man gemischte Hackfleischsorten verwenden, etwas Hühnerleber, getrocknete Pilze oder deren Einweichwasser zugeben, die Tomaten weglassen usw.

SPAGHETTI CARBONARA

400 g Spaghetti, 200 g magerer Wangenspeck oder Speck am Stück, 1 Knoblauchzehe, 3 Esslöffel geriebener Parmesankäse, 3 Esslöffel geriebener Schafskäse, 4 Eier, Olivenöl extra vergine, Salz, Pfeffer.

Den Wangenspeck in 0,5 cm große Würfelchen schneiden und in einem Schmortopf mit einigen Esslöffeln Öl und der Knoblauchzehe (herausnehmen, wenn sie zu bräunen beginnt) anbraten.
In einer warmen Schüssel sorgfältig die bereits einige Zeit zuvor aus dem Kühlschrank genommenen Eier (zwei ganze Eier und zwei Eigelbe) mit dem geriebenen Käse vermengen und mit Salz und frisch gemahlenem Pfeffer würzen, so dass eine cremeartige Sauce entsteht. Diese Sauce wird zubereitet, wenn die Nudeln beinahe gar gekocht sind, so dass sie sofort in die Suppenschüssel gegeben, mit dem Ei und dem heißen, knusprigen Speck vermengt und heiß serviert werden.

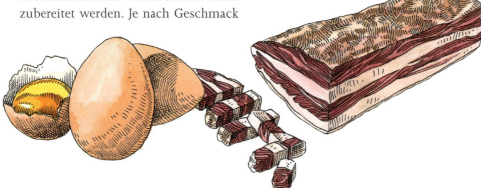

TAGLIOLINI MIT HÜHNERLEBERSAUCE

◆

400 g Tagliolini (Grundrezept auf S. 138), 300 g Hühnerleber und -herzen, 1/2 Zwiebel, 2 Salbeiblätter, 1 Esslöffel Tomatenmark oder 3 Esslöffel Sahne (nach Wunsch), trockener Weißwein, Butter, Salz.

Die Zwiebel feinhacken und in einem Topf mit einem nussgroßen Stück Butter und dem Salbei glasig dünsten. Die Hühnerherzen grob zerkleinern, zugeben und anbraten.
Den Salbei herausnehmen, mit Wein ablöschen, einkochen lassen und, je nach Wunsch, das in etwas heißem Wasser aufgelöste Tomatenmark einrühren. Kurz bevor die Herzen gar sind, auch die grob gehackte Hühnerleber hinzufügen, salzen und umrühren. Bevorzugt man es, kein Tomatenmark zu verwenden, kann die Sauce kurz vor dem Abschalten mit Sahne verlängert werden. Die Tagliolini in reichlich Salzwasser bissfest kochen, abgießen, sorgfältig mit der Sauce vermengen und servieren.

VERMICELLI MIT HUHN UND TRÜFFEL

◆

400 g Vermicelli-Nudeln, 1 mittelgroßer weißer Trüffel, 1 Hühnerbrust, Zunge, 1 Mozzarella, 150 g junge Erbsen, 1 Tomate, 1/2 Glas Bratensaft, geriebener Parmesankäse, Butter oder Olivenöl extra vergine, Salz.

Die Zubereitung dieses Rezeptes, das unterschiedliche Zutaten vorsieht, lässt der Erfindungsgabe und dem Geschmack freien Lauf.
Die Vermicelli in reichlich Salzwasser recht bissfest kochen und abgießen. Nach Belieben mit Butter (oder Öl), geriebenem Parmesankäse und Bratensaft vermengen. Die Nudeln in eine feuerfeste Form häufen und mit getrennt gekochten Hühnerbrust- und Zungenstreifen, in Butter gegarten Erbsen, Tomatenstückchen und dünnen Trüffelscheiben garnieren. Nochmals mit etwas Bratensaft beträufeln, mit geriebenem Parmesankäse bestreuen und mit dünnen Mozzarellascheiben bedecken. Die Form in den vorgeheizten Ofen schieben und überbacken, bis der Mozzarella zu schmelzen beginnt. Aus dem Ofen nehmen und servieren.

Pasta
mit Fisch

BAVETTE MIT FISCH
◆

400 g Bavette, 600 g kleine Kalamari, Tintenfische, kleine Scampis und Heuschreckenkrebse, 3 Knoblauchzehen, 1 Bund Petersilie, 1/2 Glas Weißwein, Olivenöl extra vergine, Salz, Chili.

Den Weichtieren die Fangarme, den Knorpel, die Augen, das Fischbein und die Innereien entnehmen (sie werden durch Ziehen der Fangarme aus dem Körper genommen – darauf achten, die Tintensäckchen nicht zu beschädigen, die zum Würzen dieser oder anderer Saucen verwendet werden können). Die Weichtiere waschen. Sind die Körpersäcke zu groß, diese in kleine Streifen schneiden und den Schopf der Fangarme ganz lassen. Es ist nicht nötig, die Krustentiere zu schälen, sie müssen jedoch gründlich gewaschen werden. Die Heuschreckenkrebse eventuell in Stückchen schneiden, die dann von den Gästen genussvoll „ausgesaugt" werden.
In einem großen Topf das Öl mit Knoblauch und Chili gut erhitzen, den Fisch zugeben und wenn er angedünstet ist, mit Weißwein ablöschen und diesen zum Teil einkochen lassen. Bei der traditionellen Zubereitung werden jetzt die durchbrochenen Bavette-Nudeln zum Fisch gegeben und unter ständigem Hinzufügen von kochendem Salzwasser wie ein Risotto gekocht.
Wenn dies zu schwierig erscheint, kann man die Bavette in reichlich Salzwasser kochen, dann abgießen und vor dem Servieren mit der Sauce übergießen.
In beiden Fällen werden die Bavette, kurz bevor sie gar sind, mit reichlich Petersilie bestreut.

BIGOLI MIT SARDELLEN
◆

400 g Bigoli (Grundrezept auf S. 137), 6 Süßwassersardellen, 1 Knoblauchzehe, 1 Bund Petersilie, 1 Glas Olivenöl extra vergine, Salz.

Dies ist ein typisches Gericht aus Venetien und die Sardellen kommen folglich aus dem See, genauer gesagt, aus dem Gardasee.
Die Sardellen von Kopf, Gräten und Schwanz befreien, waschen, auf einem Tuch trocknen lassen und anschließend in kleine Stücke schneiden. In heißem Öl so lange braten, bis sie breiig werden. Kurz bevor sie vom Feuer genommen werden, mit kleingehacktem Knoblauch und Petersilie vermischen. Die Bigoli in reichlich Salzwasser bissfest kochen, abgießen und mit der Sardellensauce anrichten.
Man kann auch in Salz eingelegte Sardellen verwenden, die gut gereinigt (wenn möglich nicht in Wasser waschen) und entgrätet wie die frischen zubereitet werden.

BUCATINI MIT KALAMARI

◆

400 g Bucatini, 4-5 Kalamari (insgesamt ca. 500 g), 500 g Spinat, 500 g feste und reife Tomaten, 200 g Pilze, 1 Knoblauchzehe, 1 Bund Petersilie, 1 Ei, 2 Esslöffel geriebener Parmesankäse, 1-2 Esslöffel Semmelbrösel, Olivenöl extra vergine, Salz, Pfeffer, Chili.

Das Gemüse putzen. Die Pilze mit einem Baumwolltuch von Erdresten säubern und in einigen Esslöffeln Öl andünsten, salzen und pfeffern. Dann zusammen mit dem in etwas kochendem Wasser gegarten, gut ausgedrückten Spinat kleinhacken. Die Kalamari putzen und die Fangarme aus dem Körper ziehen (die Innereien herausnehmen und darauf achten, dass die Tintensäckchen nicht beschädigt werden), kleinhacken und zusammen mit etwas gehackter Petersilie mit dem Gemüse, Ei, Käse, Semmelbröseln, einer Prise Salz und Pfeffer vermengen. Sorgfältig vermischen, so dass ein Brei entsteht, der zum Füllen der Kalamarisäcke dient, die dann mit einem Küchenfaden zugebunden werden. Die zerdrückte Knoblauchzehe in einigen Esslöffeln Öl andünsten; sobald diese goldgelb ist, herausnehmen und die gehäuteten, entkernten und grob gehackten Tomaten hinzugeben (die Tomaten zum Häuten in kochendes Wasser geben). Wenn die Sauce zu kochen beginnt, die Kalamari, eine Prise Salz und Chili hineingeben und bei geschlossenem Topf ca. 30-40 Minuten kochen lassen. Dann den Fisch aus dem Topf nehmen und zusammen mit einigen Esslöffeln Sauce warmstellen.

In der Zwischenzeit die Bucatini in reichlich Salzwasser bissfest kochen und abgießen. Mit der im Topf verbliebenen Sauce vermischen, mit der kleingehackten Petersilie bestreuen und eventuell etwas rohes Olivenöl zugeben.

Zum Servieren werden die Nudeln mit den in Scheiben geschnittenen, gefüllten Kalamari garniert und die Sauce wird separat gereicht.

BUCATINI MIT FRITTIERTEN KLEINEN FISCHEN

◆

400 g Bucatini, 400 g kleine Fische zum Frittieren, 1 reife, feste Tomate, 3 Knoblauchzehen, 1 Bund Petersilie, 1 Handvoll Basilikumblätter, 1 Handvoll Sellerieblätter, Weizenmehl, Olivenöl extra vergine, Frittieröl, Salz, Pfeffer.

Die Tomaten kurz in kochendes Wasser geben, so dass sie mühelos gehäutet werden können, entkernen und in Stücke schneiden. Mit Salz bestreuen und das Fruchtwasser abtropfen lassen. Dann die Tomaten grob hacken, in einer großen Schüssel mit den geschälten und halbierten Knoblauchzehen vermischen und ca. 30 Minuten stehenlassen. Danach den Knoblauch herausnehmen und das Ganze mit reichlich Öl, Salz, Pfeffer und den feingehackten Kräutern vermischen. Die kleinen Fische sorgfältig waschen und trocknen, in Mehl wälzen und in kochendem Öl frittieren. In der Zwischenzeit die Bucatini in reichlich Salzwasser kochen, abgießen, in der Schüssel mit der kalten Tomaten-Sauce anrichten und mit den frittierten Fischen garnieren.

BUCATINI MIT SARDELLEN UND FENCHEL

◆

400 g Bucatini, 800 g Sardellen, 150 g Fenchelherzen, 2 Knoblauchzehen, 1 Esslöffel Rosinen, 1 Esslöffel Pinienkerne, 1 Bund Petersilie, Semmelbrösel, Olivenöl extra vergine, Salz, Chili.

Die Sardellen putzen, waschen und auf einem Tuch trocknen lassen. Auf kleiner Flamme die zerdrückten Knoblauchzehen mit etwas Olivenöl gelb bräunen, dann herausnehmen, die Sardellen in das Öl geben und auf beiden Seiten wenige Minuten leicht bräunen. Die Fenchelherzen in Stücke schneiden und einige Minuten in Salzwasser kochen. Die Rosinen 15 Minuten in lauwarmem Wasser einweichen. Dann Fenchel, Rosinen, Pinienkerne, 1 Esslöffel kleingehackte Petersilie, 1 Esslöffel Semmelbrösel, eine Prise Salz und Chili zu den Sardellen geben. Die Sauce auf kleiner Flamme köcheln lassen und ab und zu schwenken, so dass die Sardellen nicht zerfallen. Sind die Sardellen gar, aus der Pfanne nehmen und zur Seite stellen. Die Bucatini in reichlich Salzwasser bissfest kochen, dann mit der Sauce vermengen, mit den ganzen Sardinen garnieren und mit der frischen, kleingehackten Petersilie bestreut servieren.

SPAGHETTIKÖRBCHEN MIT MEERESFRÜCHTEN

◆

250 g etwas dickere Spaghetti, 300 g geschälte Garnelen, 16 Jakobsmuscheln, 2 Knoblauchzehen, 1 Bund Petersilie, 1 Glas trockener Weißwein, Olivenöl extra vergine, Salz, Pfeffer.

Die Jakobsmuscheln gut waschen, mit einer Knoblauchzehe und einem halben Glas Wein in eine große Pfanne geben, zudecken und so lange auf großer Flamme kochen lassen, bis sie sich öffnen. Vom Feuer nehmen, die Muscheln herausnehmen und den Sud filtern. Die Muscheln von den unverdaulichen Teilen säubern, die Eier herausnehmen und zur Seite stellen. Das Muschelfleisch in Scheiben schneiden.
3-4 Esslöffel Öl in einer großen Pfanne mit einer Knoblauchzehe erhitzen, die herausgenommen wird, sobald sie goldgelb ist. Das in Scheiben geschnittene Muschelfleisch zugeben und 2 Minuten auf großer Flamme schwenken. Die Garnelen zufügen und auch diese weitere 2 Minuten schwenken. Das Ganze mit einem halben Glas Weißwein übergießen und diesen einkochen lassen. Mit dem Schalensud begießen, reichlich pfeffern, wenig salzen und nochmals 4-5 Minuten kochen lassen. Zum Schluss muss die

Sauce fast eingekocht sein. Die kleingehackte Petersilie zugeben, zudecken und warmstellen. Die Spaghetti in reichlich Salzwasser sehr bissfest kochen und abgießen. Auf einen Teller geben und etwas Öl darüber träufeln, damit sie nicht zusammenkleben. Die Spaghetti in 8 Portionen aufteilen und die erste Portion in einem Körbchen anrichten, das zum Formen von Nestern geeignet ist.
In einer Pfanne mit hohem Rand sehr viel Öl erhitzen und das Nest darin einige Minuten goldgelb bräunen. Gut abtropfen lassen und aus dem Behälter nehmen. Dasselbe mit den anderen Spaghettiportionen wiederholen und die fertigen Nester warmstellen. Die Nester auf einem Servierteller anrichten und mit der vorbereiteten Masse, der ganz zum Schluss auch die Eier der Jakobsmuscheln zugefügt wurden, füllen.

FARFALLE
MIT JAKOBSMUSCHELN
UND GRÜNEM SPARGEL

◆

350 g Farfalle, 150 g Spargel, 150 g Fleisch der Jakobsmuschel, 150 g flüssige Sahne, 100 g Steinpilze, 1 Schalotte, 1 Bund Petersilie, trockener Wermut, Butter, Olivenöl extra vergine, Salz, Pfeffer.

Den Spargel putzen, indem man den Stengel schabt und den holzigen Teil abschneidet. Waschen und wenige Minuten kochen. Die Pilze putzen und die restliche Erde mit einem Baumwolltuch entfernen. In Scheiben schneiden und die Hüte von den Stielen trennen. Die Stängel in einem Topf mit drei Esslöffeln Olivenöl auf großer Flamme eine Minute andünsten, dann die Hüte dazugeben. Das Ganze gut dünsten, salzen, pfeffern und vom Feuer nehmen. Die Schalotte putzen, kleinhacken und in 20 g Butter glasig dünsten. Das Muschelfleisch in Stücke schneiden und zugeben. Mit Salz und Pfeffer würzen und gut dünsten, dann mit 30 g Wermut ablöschen.
Wenn die Flüssigkeit fast eingekocht ist, die Pilze und den abgetropften, in Stücke geschnittenen Spargel zugeben. Auf großer Flamme noch etwas einkochen lassen und dann die flüssige Sahne einrühren. Auf kleiner Flamme halten und mit Salz und Pfeffer nachwürzen. In der Zwischenzeit die Farfalle in reichlich Salzwasser bissfest kochen und abgießen. Mit der Sauce vermischen und vor dem Servieren mit einem Esslöffel frischer, kleingehackter Petersilie bestreuen.

ÜBERBACKENE FETTUCCINE
MIT SEEZUNGE

◆

400 g Fettuccine (Grundrezept auf S. 133), 4-5 Seezungenfilets (ca. 800 g), 150 g Miesmuscheln, 150 g Garnelen, 150 g Champignons, 1/2 Zitrone, Paprikapulver, 2 Eigelbe, 150 ml flüssige Sahne, 150 ml trockener Weißwein, Olivenöl extra vergine, 30 g Butter, Salz, Pfeffer.

Die Garnelen waschen und roh schälen. Die Miesmuscheln putzen, waschen und mit 1 bis 2 Esslöffeln Öl in einem zugedeckten Topf auf großer Flamme halten, bis sie sich nach und nach öffnen. Das Muschelfleisch aus der Schale nehmen. Die Pilze mit einem feuchten Tuch von Erdresten säubern, in Scheiben schneiden und zusammen mit den Garnelen und Miesmuscheln mit einigen Esslöffeln Öl in einem Topf dünsten. Mit Salz und Pfeffer würzen und einziehen lassen, bevor sie vom Feuer genommen werden. Auf dem Herd einige Esslöffel Öl in einer feuerfesten Schüssel erhitzen und darin die Seezungenfilets auf beiden Seiten anbraten, mit dem Wein übergießen und mit einer Prise Paprika, Salz und Pfeffer würzen. Dann in den vorgeheizten (180 °C) Ofen geben und schmoren lassen. Die Filets herausnehmen, den Sud filtern und auf der Flamme einkochen lassen. Unter ständigem Rühren Sahne, etwas Zitronensaft, das Eigelb, die in Stückchen geschnittene Butter und ein wenig frisch gemahlenen Pfeffer zugeben. Einkochen lassen.

Die Fettuccine in reichlich Salzwasser gut bissfest kochen, abgießen, etwas Olivenöl drübertraüfeln und in eine feuerfeste Schüssel geben. Die Seezungenfilets auf die Fettuccine legen und die Sauce aus Pilzen, Miesmuscheln und Garnelen darauf verteilen. Zum Schluss das Ganze mit der Sahnesauce übergießen und im Ofen bei 200 °C überbacken. Heiß servieren.

FETTUCCINE MIT GNACCHERE

400 g Fettuccine (Grundrezept auf S. 133), 4 Gnacchere (oder Meerspinnen), 1 große frische Zwiebel, 1 Knoblauchzehe, 40 g wildwachsende Fenchelblätter, 200 g reife Tomaten, Olivenöl extra vergine, trockener Weißwein, Salz.

Mit dieser Sauce aus den für die sardische Küste typischen Gnacchere-Muscheln können die Fettuccine in den schönen Schalen dekorativ serviert werden. Das Fleisch der Gnacchere hat praktisch den gleichen Geschmack wie das der Meerspinne, die leichter zu bekommen ist. Anstelle der Gnacchere können Meerspinnen verwendet werden, ohne dass sich der Geschmack verändert. Die Tomaten kurz mit kochendem Wasser überbrühen und häuten, entkernen und in Würfel schneiden. Die Zwiebel mit der Knoblauchzehe kleinhacken. Die Gnacchere öffnen (oder die Meerspinne entleeren) und das Muschelfleisch in kleine Stücke schneiden.

Zwiebel und Knoblauch in Öl dünsten, mit Wein ablöschen und einkochen lassen. Das Fischfleisch zugeben und auf mittelgroßer Flamme einige Minuten kochen. Vom Feuer nehmen und die Tomaten einrühren. In einem Topf mit wenig Wasser und wenig Salz die Fenchelblätter 10 Minuten kochen, die Nudeln zugeben und mitkochen. Ist die Flüssigkeit fast eingekocht, die Nudeln abgießen und in die Sauce geben. Mit Salz abschmecken und mit Olivenöl beträufeln. Gut vermengen und servieren.

FUSILLI MIT SCAMPI UND ZUCCHINI

400 g Fusilli, 450 g Scampi, 350 g Zucchini, 1 Schalotte, 1 Bund Petersilie, 1/2 l Fischbrühe, Olivenöl extra vergine, Salz, Pfeffer.

Die feingehackte Schalotte in einigen Esslöffeln Öl dünsten und sobald sie glasig ist, die in Längsstreifen geschnittenen Zucchini und die gut gewaschenen Scampi zugeben. Mit Salz und Pfeffer würzen, auf kleiner Flamme zum Kochen bringen und etwas warme Fischbrühe zugießen. Die Fusilli in reichlich Salzwasser bissfest kochen, abgießen, in der Pfanne mit der Sauce kurz erhitzen, etwas Olivenöl darübertraüfeln und mit der gehackten Petersilie bestreuen.

Pasta mit Fisch

LINGUINE MIT MEERESFRÜCHTEN
◆

400 g Linguine, 500 g Miesmuscheln, 400 g gemeine Venusmuscheln, 500 g reife, feste Tomaten, 3 Knoblauchzehen, einige Basilikumblätter, 2 kleine Zweige Oregano, Olivenöl extra vergine, Salz, Chili.

Die Muscheln gut waschen und bürsten. Mindestens eine halbe Stunde in Salzwasser liegenlassen, damit der eventuell in den Schalen aufgenommene Sand austritt.
Dann in einem Topf mit Öl zusammen mit einer Knoblauchzehe und etwas frischem Oregano auf große Flamme stellen. Wenn sie sich nach und nach öffnen, die Schalen ohne Muschelfleisch wegwerfen.
Den verbliebenen Sud filtern und beiseite stellen. Die Tomaten kurz in kochendes Wasser geben, häuten, entkernen und grob hacken.
Einige Esslöffel Öl mit 2 kleingehackten Knoblauchzehen erhitzen, die Tomaten zugeben und die Flüssigkeit einige Minuten auf großer Flamme einkochen lassen. Die Flamme kleiner stellen, mit Salz und etwas Chili würzen.

Die Linguine in reichlich Salzwasser bissfest kochen und abgießen. Zusammen mit den gefüllten Schalenhälften, dem kleingehackten Basilikum und Oregano sowie einem Schöpflöffel Muschelsud in die Sauce geben. Gut vermischen und das Ganze auf Alufolie legen. Die Ränder sorgfältig schließen und darauf achten, dass die Folie nicht unmittelbar auf der Speise liegt.
Ca. 5 Minuten im sehr heißen Ofen (220 °C) schmoren.
Das Gericht in geöffneter Alufolie auf einem Servierteller zu Tisch bringen. Wahlweise können statt einer großen auch mehrere kleine Portionen in Alufolie zubereitet werden.

LINGUINE MIT SCAMPI UND ZITRONE
◆

400 g Linguine, 400 g mittelgroße Scampi, 1 Zitrone, 1 Knoblauchzehe, 1 Bund Petersilie, roter Chili, Olivenöl extra vergine, Salz.

Um den Geschmack dieses Nudelgerichts voll genießen zu können, muss die Sauce kurz vor dem Servieren zubereitet werden, also während die Linguine kochen.
Die Scampi putzen, waschen, trocknen und längs halbieren. In einem großen Topf mit reichlich Öl die zerdrückte Knoblauchzehe bräunen. Sobald der Knoblauch goldgelb ist, herausnehmen und die Scampi hineingeben. Mit Salz und einer Prise Chili würzen und ca. 10 Minuten dünsten lassen. Ab und zu umrühren.
Die Nudeln in Salzwasser bissfest kochen, abgießen und zu den

Scampi geben. Den Zitronensaft, die in dünne Streifen geschnittene Zitronenschale und die kleingehackte Petersilie darübergeben. Gut vermischen, damit der Geschmack durchzieht, und heiß servieren.

bestreuen und vom Feuer nehmen. Die Nudeln in reichlich Salzwasser bissfest kochen, abgießen, zur Hälfte der Sauce in die Pfanne geben und mit der anderen Hälfte garniert servieren.

MALTAGLIATI MIT KALAMARI UND GEMÜSE

◆

400 g gekaufte oder selbstgemachte Maltagliati (Grundrezept für Tagliatelle auf S. 138), 300 g Kalamari, 3 Schwarzwurzeln, 200 g reife Tomaten, 2 große Kartoffeln, 1 Knoblauchzehe, 1 Bund Petersilie, roter Chili, Olivenöl extra vergine, Salz.

MALLOREDDUS MIT SCHWERTFISCHRAGOUT

◆

400 g Malloreddus (Grundrezept auf S. 134), zwei Scheiben Schwertfisch, 500 g reife Tomaten, 25 g in Salz eingelegte Kapern, 1 Frühlingszwiebel, 2 Knoblauchzehen, 1 Lorbeerblatt, einige Basilikumblätter, 1/2 Glas trockener Weißwein, Olivenöl extra vergine, Salz, Pfeffer.

Diese typisch sardischen Nudeln kann man sehr gut mit einer Fischsauce servieren. Aber nicht nur das. Gewöhnlich werden sie gut getrocknet verwendet, deshalb ist es besser, sie zwei Tage vorher zuzubereiten. Den Schwertfisch putzen und in 2 cm große, regelmäßige Stücke schneiden. Die Zwiebel mit dem Knoblauch kleinhacken und in einigen Esslöffeln Olivenöl dünsten. Sobald sie glasig werden, den Fisch zugeben und nach einigen Minuten mit dem Weißwein ablöschen. Sobald dieser eingekocht ist, die feingehackten Tomaten untermischen. (Die Tomaten vorher kurz mit kochendem Wasser überbrühen, häuten und entkernen.) Mit Salz, frisch gemahlenem Pfeffer und den gewaschenen, abgetropften Kapern würzen und auf mittelgroßer Flamme 20 Minuten kochen lassen. Zum Schluss mit dem kleingeschnittenen Basilikum

Die Maltagliati aus dem im Grundrezept beschriebenen Teig herstellen: Den Teig in 1,5 x 6-7 cm große Streifen schneiden (müssen nicht alle gleich sein). Auf einem bemehlten Küchentuch trocknen lassen. Die Kalamari putzen, in Ringe schneiden und in einigen Esslöffeln Olivenöl anbraten. Nach einigen Minuten die Tomaten untermischen. Die Tomaten vorher kurz mit kochendem Wasser überbrühen, häuten, entkernen und grob hacken. Das Ganze zum Kochen bringen und zum Schluss mit Salz, einer Prise Chili und der mit Knoblauch kleingehackten Petersilie würzen.
Die Kartoffeln in ca. einen halben Zentimeter dicke Scheiben schneiden und zusammen mit der geputzten, in Scheibchen geschnittenen Schwarzwurzel in einem großen Topf mit Salzwasser zum Kochen bringen. Nach 5 Minuten die Maltagliati zugeben, mitkochen und alles zusammen abgießen. Die Nudeln mit den Kartoffeln und der

Schwarzwurzel in die Sauce geben und unter Rühren kurz erhitzen, so dass der Geschmack gut durchzieht. Mit etwas Olivenöl beträufeln und servieren.

ORECCHIETTE MIT SARDELLEN
◆

400 g Orecchiette (Grundrezept auf S. 135), 200 g Sardellen, 20 g Pinienkerne, 1 Schöpflöffel Tomatensauce, 1 in Öl eingelegtes Sardellenfilet, 1 Knoblauchzehe, 1 Lauchstange, 1 Bund Petersilie, 1 Tütchen Safranpulver, 1/2 rote Chilischote, Olivenöl extra vergine, Pfeffer.

Lauch, Knoblauch, den roten Chili, etwas Petersilie und die Sardelle kleinhacken und in Olivenöl dünsten. Die geputzten, entgräteten und filetierten Sardellen zugeben, einige Minuten dünsten und die Pinienkerne unterrühren. Danach die Tomatensauce und den Safran einrühren und auf kleiner Flamme köcheln. Die Nudeln kochen, abgießen und in den Schmortopf zu den Sardinen geben. 2 Minuten verrühren, mit Petersilie bestreuen und sofort servieren.

NUDELN MIT SARDINENFILETS
◆

400 g kurze Nudeln nach Belieben, 8 in Öl eingelegte Sardinenfilets, 1 kleine Zwiebel, 2 Knoblauchzehen, 300 g passierte, frische Tomaten, 1 Bund Petersilie, 10 schwarze Oliven, 2 Esslöffel Kapern, Paprikapulver, Olivenöl extra vergine, Butter, Salz.

Die kleingehackte Zwiebel und die ganzen Knoblauchzehen mit Olivenöl und einem nussgroßen Stück Butter dünsten und die Sardinenfilets, die kleingehackten Kapern, die entkernten Oliven und die frischen, passierten Tomaten zugeben. Ca. 10 Minuten kochen lassen. Mit Salz abschmecken und zum Schluss die gehackte Petersilie und eine Prise Paprika zufügen. Die Nudeln in reichlich Salzwasser bissfest kochen, abgießen und mit der Sauce anrichten.

NUDELN MIT SARDELLEN AUF SIZILIANISCHE ART
◆

400 g kleine Makkaroni, 350 g frische Sardellen, 200 g Wildfenchel, 80 g in Öl eingelegte Sardellen, 30 g Pinienkerne, 30 g Rosinen, 2 Knoblauchzehen, 5 Esslöffel Olivenöl extra vergine, 1 Esslöffel gehackte Petersilie, 1 Esslöffel Semmelbrösel, Safran, Chili, Salz, Pfeffer.

Die Sardellen putzen, waschen und auf einem Küchentuch trocknen lassen. Den Fenchel wenige Minuten in Salzwasser abkochen und kleinhacken. Die Rosinen 5 Minuten in lauwarmem Wasser einweichen. Die zerdrückten Knoblauchzehen auf kleiner Flamme in einigen Esslöffeln Öl bräunen und herausnehmen, sobald sie leicht goldgelb werden. Die Sardellen in das Öl geben und wenige Minuten auf beiden Seiten anbraten. Den gehackten Fenchel, die Pinienkerne, die gehackte Petersilie und die Semmelbrösel unterrühren und mit Salz und Chili würzen. Die Sauce gut untermischen, beim Rühren darauf achten, dass der Fisch nicht zerfällt; am besten die Pfanne schwenken. Die Sardellen herausnehmen und zur Seite stellen. Die in Öl eingelegten Sardellen und eine Messerspitze Safran, der vorher in wenig Wasser aufgelöst wurde, zugeben. Einige Minuten kochen lassen, bis die Sardellen zerkocht sind. Die kleinen Makkaroni in Salzwasser bissfest kochen; am besten im Wasser, in dem der Fenchel gekocht wurde. Die Nudeln, die Sauce und die Sardellen abwechselnd in eine feuerfeste Form schichten, wobei die letzte Schicht aus Nudeln und der Sauce besteht. In den warmen Ofen (200 °C) stellen und ca. 20 Minuten überbacken. Heiß servieren.

PENNE MIT KAVIAR UND WODKA
◆

400 g Penne, 1 kleine Dose Kaviar (oder Störrogen), 2-3 Gläschen Wodka, 1 Becher flüssige Sahne, Butter, Salz, Pfeffer.

In einem Topf ein großes Stück Butter im Wodka auslassen und etwas einkochen lassen. Die Sahne zugeben und mit Salz und Pfeffer würzen. Sobald die Sauce heiß ist, sofort vom Feuer nehmen. In der Zwischenzeit die Penne in reichlich Salzwasser bissfest kochen, abgießen und mit der Wodkasauce und dem Kaviar vermischen. Beim Unterrühren darauf achten, dass der Kaviar nicht zerdrückt wird.

PENNE MIT LACHS UND WALNÜSSEN
◆

400 g Penne, 200 g geräucherter Lachs in dünnen Scheiben, 10 g Walnusskerne, 50 g geschälte Pistazien, 1 Frühlingszwiebel, 1 Ei, Kognak, Olivenöl extra vergine, Salz, Pfefferkörner.

Die feingehackte Zwiebel, die etwas gröber gehackten Nüsse und Pistazien in einigen Esslöffeln Öl dünsten. Nach einigen Minuten mit Kognak übergießen, einkochen lassen. Den in Streifen geschnittenen Lachs und etwas frisch gemahlenen Pfeffer hinzugeben, einziehen lassen und vom Feuer nehmen. In einer Schüssel das Ei mit einigen Esslöffeln Öl und etwas Salz verrühren. Die Nudeln bissfest kochen, abgießen, zugeben und unter die Lachssauce ziehen. Vor dem Servieren gut vermengen. Anstelle des Eis kann auch 1/4 l frische Sahne verwendet werden.

PENNE UND GARNELEN IN ALUFOLIE
◆

400 g Penne, 150 g geschälte Garnelen, 1 Scheibe (100 g) geräucherter Schinken, 150 g junge Erbsen, 1 Frühlingszwiebel, trockener Weißwein, Olivenöl extra vergine, Salz, Pfeffer.

Garnelen waschen, in einigen Esslöffeln Öl dünsten, mit Weißwein ablöschen. Die feingehackte Zwiebel im Öl glasig dünsten und den gewürfelten Schinken sowie die Erbsen zugeben. Mit Salz und Pfeffer würzen, zum Kochen bringen. (Wenn nötig einen Schöpflöffel warmes Wasser hinzugeben.) Die Nudeln in Salzwasser bissfest kochen, abgießen, einen Schuss Olivenöl auf die Nudeln träufeln und mit den Garnelen und Erbsen vermengen. Auf Alufolie geben, diese gut schließen, im vorgeheizten Ofen (180 °C) 10 Minuten schmoren und in der geöffneten Alufolie servieren. Statt einer großen Portion können mehrere kleine Portionen mit Alufolie zubereitet werden.

SPAGHETTI MIT SEPIA-TINTE

◆

400 g Spaghetti, 400 g kleine Tintenfische und einige Tintenbeutel, 5 reife Tomaten (nach Belieben), 1 Knoblauchzehe, 1 Bund Petersilie, Olivenöl extra vergine, Salz, Chili.

Die Tintenfische putzen, das Fischbein, die Augen und die Tintenbeutel vorsichtig entfernen, damit die Beutel nicht beschädigt werden, um sie später verwenden zu können.

Die Tintenfische sorgfältig waschen und grob zerkleinern. Den gehackten Knoblauch in Öl dünsten, die Tinten-fische zusammen mit einem Schöpflöffel warmem Wasser zufügen, 15 Minuten kochen lassen und die grob zerkleinerten Tomaten (gehäutet und entkernt) unterrühren.

Ist die Sauce eingekocht, den Inhalt der Tintenbeutel in den Topf geben und mit gehackter Petersilie, Salz und Chili würzen. Gut durchziehen lassen, bevor die bissfest gekochten Spaghetti zugegeben werden. Anstelle der Tomaten können zum Kochen der Tintenfische etwas trockener Weißwein oder einige Schöpflöffel warme Brühe verwendet werden.

SPAGHETTI ALLA CHITARRA MIT MEERSCHEIDEN (TELLMUSCHELN, DATTELMUSCHELN ODER SEETRÜFFELN)

◆

500 g Spaghetti alla Chitarra (Grundrezept auf S. 136), 1 kg Meerscheiden (oder Tellmuscheln oder Dattelmuscheln oder Seetrüffel), 800 g reife Tomaten, 3 Knoblauchzehen, 1 Bund Petersilie, 1/2 Glas trockener Weißwein, Olivenöl extra vergine, Salz, 1 Chilischote.

Die Meerscheiden in einem Topf mit Weißwein auf großer Flamme öffnen und das Muschelfleisch aus den Schalen lösen (einige Muscheln in der Schale zur Garnierung beiseite legen). Den verbliebenen Sud filtern.

Den kleingehackten Knoblauch und den zerstoßenen Chili in etwas Öl dünsten, die grob geschnittenen Tomaten (geschält und entkernt) untermischen und salzen. 15 Minuten kochen lassen, mit dem Sud der Meerscheiden verlängern und nach 10 Minuten das in Stücke geschnittene Muschelfleisch zugeben. Nochmals 5 Minuten kochen lassen, vom Feuer nehmen und die in Salzwasser bissfest gekochten Spaghetti damit anrichten.

Mit gehackter Petersilie bestreuen, gut vermengen und mit den zur Seite gestellten Muscheln in der Schale garnieren. Für dieses Rezept kann ebenso gut ein anderes Schalentier oder eine Mischung verschiedener Tiere verwendet werden.

SPAGHETTI MIT LANGUSTE

◆

400 g Spaghetti, 1 mittelgroße Languste, 250 g passierte Tomaten, 2 Knoblauchzehen, 1 Bund Petersilie, Olivenöl extra vergine, Salz, Pfefferkörner.

Die Languste einige Minuten in Salzwasser kochen, abgießen, aus der Schale nehmen und in Stückchen schneiden.
In einem Topf die Knoblauchzehen in wenig Öl leicht bräunen. Die Languste zugeben und einige Minuten mitgaren. Danach die passierten Tomaten, die gehackte Petersilie und Salz zufügen und auf kleiner Flamme köcheln lassen. In der Zwischenzeit die Nudeln in reichlich Salzwasser bissfest kochen, abgießen und mit der Langustensauce und frisch gemahlenem Pfeffer servieren.

SPAGHETTI ALLO SCOGLIO IN ALUFOLIE

◆

400 g Spaghetti, 500 g Miesmuscheln und gemeine Venusmuscheln, 200 g Tintenfische, 4 kleine Scampi, 4 Garnelen, 300 g feste, reife Tomaten, Basilikum, 1 kleine Zwiebel, trockener Weißwein, Olivenöl extra vergine, Salz, 1 Chilischote.

Die verschiedenen Fischarten putzen und die Mies- und Venusmuscheln in 1/2 Glas Weißwein auf großer Flamme kurz aufkochen lassen. Wenn sie sich nach und nach öffnen, das Muschelfleisch aus der Schale nehmen (dabei einige mit der Schale zum Garnieren beiseite legen).
Zum Schluss den im Topf verbliebenen Sud filtrieren und ebenfalls zur Seite stellen. Die Tomaten kurz mit kochendem, leicht gesalzenem Wasser überbrühen, häuten und entkernen. In einem großen Topf die feingehackte Zwiebel in einigen Esslöffeln Öl dünsten, die geschälten, grob gehackten Tomaten zugeben und in dieser Sauce den in Stückchen geschnittenen Tintenfisch kochen lassen. Nach 10 Minuten auch die Scampi und Garnelen zugeben, mit dem Muschelsud übergießen und mit Salz und Chili würzen.
Zum Schluss auch die Muscheln untermengen, etwas einziehen lassen und vom Feuer nehmen.
In der Zwischenzeit die Spaghetti in reichlich Salzwasser bissfest kochen, in die Pfanne zu der Sauce geben und mit gehacktem Basilikum bestreuen.
Die Spaghetti auf der Alufolie so verteilen, dass die Oberfläche mit den ganzen Scampi und Garnelen garniert bleibt. Den Folienrand mehrmals einknicken und gut verschließen, wobei die Alufolie nicht zu sehr auf den Nudeln liegen darf. Im vorgeheizten Ofen (180 °C) 5 Minuten schmoren und in der geöffneten Alufolie servieren.
Es können anstelle einer einzigen Portion auch mehrere Einzelportionen in der Folie zubereitet werden.

SPAGHETTI MIT SARDELLEN UND TRÜFFELN

◆

400 g Spaghetti, 4 mittelgroße, schwarze Trüffel, 4 in Salz eingelegte Sardellen, 1 Knoblauchzehe, Olivenöl extra vergine, Salz, weißer Pfeffer.

Die Sardellen unter fließendem Wasser sorgfältig waschen, entgräten und zur Seite stellen. Die Trüffel von der Erde befreien und in einem Mörser sehr fein zerdrücken. Die Sardellenfilets in einem Topf mit etwas Öl zerkochen lassen und den zerdrückten Knoblauch, die Trüffel, Salz und Pfeffer zugeben.
In der Zwischenzeit in einem Topf reichlich Wasser zum Kochen bringen, salzen und die Spaghetti darin bissfest kochen. Mit der Sardellen- und Trüffelsauce anrichten und servieren.

SPAGHETTI MIT FRISCHEN SARDELLEN

◆

400 g Spaghetti, 250 g frische Sardellen, 1/2 Zitrone, 2 Knoblauchzehen, 1 Bund Petersilie, roter Chili, 40 g Semmelbrösel, Olivenöl extra vergine, Salz.

Diese Sauce ist sehr schnell zuzubereiten und braucht nur etwas Zeit zum Putzen der Sardellen. Die Sardellen säubern, Kopf, Schwanz und die mittlere Gräte entfernen (dazu auf der Bauchseite aufschneiden), unter fließendem Wasser gründlich waschen und trocknen. Den Knoblauch und die Petersilie kleinhacken und mit Öl, Semmelbröseln und den Sardellenfilets in einen Topf geben. Auf recht großer Flamme einige Minuten unter Rühren bräunen, bis die Sardellen weich und die Semmelbrösel goldgelb sind, und mit Salz und Chili würzen.

Die Spaghetti bissfest kochen, abgießen, vor dem Servieren kurz in der Pfanne mit der Sauce erhitzen und mit Zitronensaft beträufeln.

SPAGHETTI MIT GROSSEN VENUSMUSCHELN

400 g Spaghetti, 1 kg große Venusmuscheln, 2 Knoblauchzehen, 1 Bund Petersilie, trockener Weißwein (nach Belieben), Olivenöl extra vergine, Salz, 1 Chilischote.

Die Muscheln unter fließendem, kaltem Wasser putzen und mindestens eine halbe Stunde in Salzwasser legen, damit sie den eventuell in den Schalen eingeschlossenen Sand ausstoßen.
In einer Pfanne die Muscheln in reichlich Öl mit einer in Scheibchen geschnittenen Knoblauchzehe, dem Chili und, nach Wunsch, mit etwas Weißwein auf großer Flamme zugedeckt kurz aufkochen lassen, damit sie sich öffnen.
In der Zwischenzeit die Spaghetti in reichlich Salzwasser bissfest kochen, abgießen und zu den Muscheln in die Pfanne geben. Auf schwacher Flamme vermischen, den mit Petersilie kleingehackten Knoblauch darüberstreuen und servieren.
Da der Muschelsud nicht filtriert wird, ist es wichtig, die Muscheln vorher sehr gut zu waschen, damit kein Sand zurückbleibt.

SPAGHETTI MIT GLASAALEN

◆

400 g Spaghetti, 200 g sehr frische Glasaale, 1 Knoblauchzehe, 1 kleiner Zweig Salbei, 4 Esslöffel Tomatensauce, Olivenöl extra vergine, Salz.

In einer Pfanne den Salbei mit der Knoblauchzehe in reichlich Olivenöl bräunen und die gründlich gewaschenen Glasaale zugeben. Dies muss sehr schnell und mit Hilfe eines Deckels geschehen, denn die Glasaale können bei der Berührung mit der Hitze leicht aus der Pfanne springen. Auf mittelgroßer Flamme 10 Minuten braten. Die Spaghetti in reichlich Salzwasser bissfest kochen, abgießen, in die Pfanne mit den Glasaalen geben und das Ganze vorsichtig mit der Tomatensauce vermischen. Mit Salz abschmecken und servieren.

SPAGHETTI MIT GEMEINEN VENUSMUSCHELN UND TOMATEN

◆

400 g Spaghetti, 500 g gemeine Venusmuscheln, 500 g gehackte Dosentomaten, 2 Knoblauchzehen, 1 Bund Petersilie, 1/2 Glas Olivenöl extra vergine, Salz, roter Chili.

In einem Topf das Öl mit der Knoblauchzehe erhitzen und sobald diese goldgelb wird, herausnehmen, die Tomaten zugeben und einige Minuten auf großer Flamme kochen lassen. Die Flamme kleiner stellen und mit Salz und Chili würzen. Wenn die Sauce eingekocht ist, die Venusmuscheln hineingeben; die Muscheln vorher gründlich waschen und mindestens eine halbe Stunde in Salzwasser legen, um den eventuell in den Schalen verbliebenen Sand auszuspülen.
Die Spaghetti in reichlich Salzwasser bissfest kochen, in die Pfanne zu der Muschelsauce geben und mit feingehackter Petersilie bestreuen. Das Ganze auf dem Feuer einige Minuten schwenken.

SCHWARZE BANDNUDELN MIT GARNELEN

400 g schwarze Bandnudeln (Grundrezept auf S. 138), 8 Garnelen, 1 Knoblauchzehe, 1 Bund Petersilie, 1 Glas trockener Weißwein, Olivenöl extra vergine, Salz.

Den Teig für die Nudeln wie auf S. 133 beschrieben zubereiten. Die Garnelen putzen, mit kleingehackter Petersilie, gehacktem Knoblauch sowie mit etwas Salz würzen und in Öl dünsten. Mit Weißwein ablöschen und 3 Minuten auf großer Flamme kochen.
Die Nudeln in reichlich Salzwasser bissfest kochen, abgießen, in der Pfanne mit der Sauce erhitzen und vorsichtig 2 Minuten unterziehen. Vom Feuer nehmen und mit der verbliebenen, sehr fein gehackten Petersilie garnieren und heiß servieren.

BANDNUDELN MIT SARDELLEN UND BROTKRUMEN

◆

400 g Bandnudeln (Grundrezept auf S. 138), 6 in Salz eingelegte Sardellen, 25 g Pinienkerne, 3 Knoblauchzehen, Petersilie, 4 Esslöffel altbackene Brotkrumen, 1/2 Glas Olivenöl extra vergine, Salz, Chili.

Die Sardellen mit einem Messer und feuchtem Tuch von Salz und Gräten säubern. Das Öl mit den zerdrückten Knoblauchzehen (herausnehmen, sobald sie zu bräunen beginnen) und ein wenig zerkleinertem Chili erhitzen, die Sardellen zugeben und etwas kleingehackte Petersilie und die Pinienkerne unterrühren.

Pasta mit Fisch

In einer teflonbeschichteten Pfanne die Brotkrumen unter Rühren anrösten, dass sie Farbe bekommen, ohne zu dunkel zu werden. In der Zwischenzeit in reichlich Salzwasser die Nudeln bissfest kochen und abgießen. Mit der Sardellensauce und der Hälfte der Semmelbrösel auf einem Servierteller anrichten und servieren. Die restlichen Brotkrumen werden von den Gästen wie geriebener Parmesankäse darübergestreut.

BANDNUDELN MIT JAKOBSMUSCHELN
◆

400 g schwarze Bandnudeln (Grundrezept auf S. 138), 12 Jakobsmuscheln, 1 Schalotte, 1 Knoblauchzehe, 1 Bund Petersilie, 200 ml Fischbrühe, 100 ml flüssige Sahne, 1/2 Glas trockener Wermut, 100 ml trockener Weißwein, 120 g Butter, Salz, Pfeffer.

Den Teig für die schwarzen Bandnudeln wie auf S. 138 beschrieben zubereiten. Die Schalotte kleinhacken und in Weißwein und Fischbrühe andünsten. Die Flüssigkeit bis zur Hälfte einkochen lassen und unter ständigem Rühren mit der Sahne verlängern. Auf niedriger Flamme einkochen lassen, 100 g Butter in die Sahne geben, nachdem die Butter bei Zimmertemperatur in kleine Stücke geschnitten wurde. Mit Salz und Pfeffer würzen, vom Feuer nehmen und warmstellen. Die Jakobsmuscheln öffnen und das Muschelfleisch aus den Schalen lösen. Säubern, die nicht genießbaren Teile entfernen und die Eier aus dem Muschelfleisch trennen. Die restliche Butter mit der Knoblauchzehe auslassen (den Knoblauch herausnehmen, sobald er zu bräunen beginnt), die Jakobsmuscheln zugeben und anbraten. Nach 2 Minuten mit Wermut ablöschen und diesen fast vollkommen einkochen lassen. Die Jakobsmuscheln mit Salz und Pfeffer würzen, mit fein gehackter Petersilie bestreuen, vom Feuer nehmen und warmstellen. Die schwarzen Bandnudeln bissfest kochen und abgießen. Mit der Butter vermengen und mit den Jakobsmuscheln garniert servieren.

BANDNUDELN MIT FORELLE
◆

400 g Bandnudeln (Grundrezept auf S. 138), 250 g Forellenfilet, 4 geschälte Tomaten, 3 Zucchini, 1 kleine Zwiebel, trockener Weißwein, Olivenöl extra vergine, Salz, Pfeffer.

Die kleingehackte Zwiebel in etwas Olivenöl glasig dünsten und die in Streifen geschnittenen Forellenfilets zugeben. Mit einem Schuss Weißwein ablöschen, einkochen lassen, die in Stücke geschnittenen Tomaten und in dünne Scheiben geschnittenen Zucchini zufügen. Mit Salz und Pfeffer würzen und auf kleiner Flamme köcheln. In der Zwischenzeit die Bandnudeln in

reichlich Salzwasser bissfest kochen, abgießen und mit der Forellensauce vermengt servieren.

TAGLIOLINI MIT KAVIAR
◆

400 g Taglioni (Grundrezept auf S. 138), 1 kleine Dose Kaviar oder Störrogen, Saft 1 Zitrone, 150 ml frische Sahne, 80 g Butter, Pfeffer.

Den Kaviar in eine kleine Schüssel geben und mit einigen Tropfen Zitronensaft beträufeln. Die Butter bei Zimmertemperatur weich werden lassen und in kleine Stücke schneiden, dann mit der vorher leicht angewärmten Sahne in die Servierschüssel geben.
Die Tagliolini bissfest kochen, ebenfalls in die Servierschüssel geben und die Butter und Sahne sowie den Kaviar vorsichtig unterrühren. Mit etwas frisch gemahlenem Pfeffer würzen.

TAGLIOLINI MIT LACHS
◆

400 g Tagliolini (Grundrezept auf S. 138), 150 g geräucherter Lachs, 1 Knoblauchzehe, 1 Zitrone, 1 Tasse frische Sahne, 30 g Butter, Salz, weiße Pfefferkörner.

Die Butter in einem Topf mit der Knoblauchzehe goldgelb bräunen, den Knoblauch herausnehmen und die Butter in einen ausreichend großen Topf umfüllen. Den Topf erhitzen, die Sahne, den gehackten Lachs, etwas geriebene Zitronenschale (nur den gelben Teil) und eine Prise Salz zufügen und gut vermischen. In der Zwischenzeit die Tagliolini in reichlich Salzwasser bissfest kochen, abgießen und in die Lachssauce geben. Unter Rühren kurz erhitzen, wenn nötig, noch etwas Butter dazugeben und mit frisch gemahlenem Pfeffer bestreuen.

TAGLIOLINI MIT BOTTARGA
◆

400 g Tagliolini (Grundrezept S. 138), 3 kleine Scheiben Bottarga, 1/2 Knoblauchzehe, 1 Bund Petersilie, Saft einer halben Zitrone, Olivenöl extra vergine, Pfeffer.

Die Bottarga ist gräulich bis nussbraun und sieht wie eine harte kleine Salami aus. Sie ist nichts anderes als in Salz konservierter Meeräschen- oder Seebarschrogen. Sie kann, in kleine Scheiben geschnitten, für die Zubereitung von Häppchen verwendet oder, gerieben wie Parmesankäse, ohne andere Saucen mit Nudeln vermengt werden. Hier gibt es jedoch eine andere Möglichkeit, auch Nudeln damit zu servieren. Die Nudeln in reichlich Salzwasser bissfest kochen und in der Zwischenzeit in einem kleinen Topf die Bottarga in 3 Esslöffeln Öl und etwas von dem Nudelwasser auflösen. Sobald sie vollkommen geschmolzen ist, mit Zitronensaft beträufeln.
Die Tagliolini abgießen, mit der Bottargasauce vermengen und mit Pfeffer sowie mit der zusammen mit Knoblauch kleingehackten Petersilie würzen. Je nach Wunsch weitere kleine Stücke Bottarga zur Garnierung verwenden.

TROFIE MIT TINTENFISCH

◆

400 g Trofie (Grundrezept auf S. 136), 400 g Tintenfisch, 1 Tasse Tomatensauce, 1 Bund Basilikum, 1 Frühlingszwiebel, 1 Knoblauchzehe, 1 Glas trockener Weißwein, 1/2 Chilischote, Olivenöl extra vergine, Salz.

Das Fischbein aus den Tintenfischen nehmen und die Fische unter fließendem Wasser gründlich waschen. Die Fangarme herausziehen, kleinhacken, salzen und die Körper in Streifen schneiden. Zwiebel, Knoblauchzehe sowie den Chili kleinhacken und in Öl dünsten. Den Fisch zugeben, mit Weißwein ablöschen, einkochen lassen, die Tomatensauce unterrühren und auf kleiner Flamme köcheln. Die Nudeln in reichlich Salzwasser bissfest kochen, abgießen und in die Pfanne mit dem Tintenfisch geben. Einige Minuten schwenken, das frische, kleingehackte Basilikum unterziehen und servieren.

TROFIE MIT SARDELLENSAUCE

◆

400 g Trofie (Grundrezept auf S. 136), 4 Sardellenfilets in Öl, 1 weiße Zwiebel, 1 Glas trockener Weißwein, 1 Bund Basilikum, 1 reife Tomate, Olivenöl extra vergine, 1/2 rote Chilischote.

Die Sardellen mit einer Gabel zerdrücken. Die Zwiebel mit dem Chili hacken und in Öl glasig dünsten. Die Sardellen zugeben, mit Weißwein ablöschen und einkochen lassen. Die Tomate kurz mit kochendem, leicht gesalzenem Wasser überbrühen, häuten, entkernen und in Stücke schneiden. Die Nudeln bissfest kochen, abgießen und in eine Schüssel füllen. Die Sardellensauce, die Tomate (sie kann auch roh und in Würfel geschnitten sein), etwas Olivenöl und die frischen Basilikumblätter unterrühren und servieren.

VERMICELLI ALLO SCOGLIO

◆

400 g Vermicelli, 500 g Miesmuscheln und gemeine Venusmuscheln, 200 g frisches Langustenfleisch, 4-5 kleine Scampi, 4-5 Garnelen, 500 g reife, feste Tomaten, 1 kleine Zwiebel, eine Handvoll Basilikum, 1/2 Glas trockener Weißwein, Olivenöl extra vergine, Salz, Chili.

Den Fisch putzen, waschen und die Muscheln in Salzwasser liegenlassen, damit sie den eventuell in den Schalen verbliebenen Sand ausscheiden. Nochmals waschen, mit dem Weißwein aufs Feuer stellen und wenn sie sich nach und nach öffnen, das Muschelfleisch aus der Schale nehmen (einige Muscheln mit der Schale zum Garnieren zur Seite stellen). Zum Schluss den in der Pfanne verbliebenen Muschelsud filtrieren und beiseite stellen.

Die Tomaten mit kochendem Wasser überbrühen, häuten, entkernen und grob hacken. In einem großen Topf die feingehackte Zwiebel in einigen Esslöffeln Öl dünsten und die

Tomaten zugeben. Scampi und Garnelen sowie nach einigen Minuten auch das in Scheiben geschnittene Langustenfleisch in die Sauce geben und kochen lassen. Das Ganze dann mit dem Muschelsud übergießen und mit Salz und Chili würzen.

Nach ca. 10 Minuten auch die Muscheln zufügen und vor dem Abschalten eine Weile garen. In der Zwischenzeit die Vermicelli in reichlich Salzwasser bissfest kochen, abgießen, in der Pfanne mit der Sauce erhitzen und verrühren und mit kleingehacktem, frischem Basilikum bestreuen. Die Vermicelli können auch in Alufolie gereicht werden. In diesem Fall dürfen die Nudeln (abgegossen und bissfest) in der Pfanne nicht zu stark eintrocknen, sondern müssen, sobald sie mit dem Fisch vermischt sind, auf die Alufolie gegeben werden. Darauf achten, dass die Oberfläche mit den Scampi und Garnelen garniert ist. Den Folienrand gut verschließen und zwischen den Nudeln und der Folie genügend Platz lassen. 5 Minuten in den vorgeheizten Ofen (180 °C) stellen und in der geöffneten Folie servieren. Es können eine große Portion oder mehrere Einzelportionen zubereitet werden.

VERMICELLI MIT MEERSCHEIDEN

◆

500 g Vermicelli, 1 kg Meerscheiden, 800 g reife Tomaten, 3 Knoblauchzehen, 1 Bund Petersilie, trockener Weißwein, Olivenöl extra vergine, Salz, Chili.

Die Meerscheiden gut waschen und in einem Topf mit etwas Öl und Wein auf

große Flamme stellen. Sobald sie sich öffnen, die Muscheln aus der Schale lösen (einige Muscheln in der Schale zur Seite stellen) und den verbliebenen Sud filtrieren.

Feingehackten Knoblauch und Chili in einigen Esslöffeln Öl dünsten, die gehäuteten, entkernten und in Stücke geschnittenen Tomaten zugeben, salzen und 15 Minuten kochen lassen. Die Sauce mit dem Sud der Meerscheiden verlängern und nach weiteren 10 Minuten auch die in Stücke zerteilten Muscheln zufügen. Nach 5 Minuten vom Feuer nehmen und über die inzwischen bissfest gekochten, abgegossenen Vermicelli verteilen. Kleingehackte Petersilie darüberstreuen, gut vermengen, mit den ganzen Muscheln garnieren und servieren.

Für das Rezept kann auch jede andere Muschelart verwendet werden (Seetrüffel, Tellmuscheln etc.).

Pasta
mit Gemüse und Käse

BIGOLI ALLA PUTTANESCA

◆

400 g Bigoli (Grundrezept auf S. 137), 500 g gehackte Dosentomaten, 2 Esslöffel in Salz eingelegte Kapern, 100 g schwarze Oliven, 2 Knoblauchzehen, 1 Bund Petersilie, 2 in Salz eingelegte Sardellen, Olivenöl extra vergine, Salz, Chili.

Das Öl mit den zerdrückten Knoblauchzehen erhitzen und den Knoblauch herausnehmen, sobald er goldgelb wird. Die Tomaten, die unter fließendem Wasser gewaschenen und getrockneten Kapern, die entkernten Oliven und die vom Salz und den Gräten gesäuberten, zerkleinerten Sardellen zugeben. Alles auf recht großer Flamme unter ständigem Rühren ca. 10-15 Minuten kochen. Mit Salz und etwas Chili abschmecken und feingehackte Petersilie darüberstreuen. Die Bigoli in reichlich Salzwasser bissfest kochen, abgießen, mit der Sauce gut vermengen und servieren.

BIGOLI MIT FENCHEL

◆

400 g Bigoli (Grundrezept auf S. 137), 150 g passierte Tomaten, 2 Fenchel, 1 Zwiebel, 1 Bund Petersilie, geriebener Parmesankäse, Olivenöl extra vergine, Salz.

Den Fenchel waschen, vierteln und in Salzwasser blanchieren. Die Zwiebel zusammen mit der Petersilie kleinhacken und in etwas Öl auf kleiner Flamme dünsten. Den ebenfalls kleingehackten Fenchel zugeben und 10 Minuten kochen lassen. Die passierten Tomaten und eine Prise Salz einrühren und bei geschlossenem Topf so lange köcheln lassen, bis der Fenchel gar und gut mit der Sauce zerkocht ist. Jetzt die Bigoli bissfest kochen, abgießen und in eine Schüssel geben. Mit der kochend heißen Sauce vermengen, mit etwas Öl beträufeln, Parmesankäse darüberstreuen und servieren.

BUCATINI ALLA BOSCAIOLA

◆

400 g Bucatini, 500 g frische Pilze, 300 g gehackte Dosentomaten, 1 Knoblauchzehe, 1 Bund Petersilie, 1 Esslöffel Pinienkerne, 70 g dicke Speckscheiben, 1/2 Glas trockener Weißwein, Olivenöl extra vergine, Salz, Pfeffer.

Je nach Pilzart den Hut oder auch die Stiele mit einem feuchten Tuch von Erdresten säubern und falls sie groß sind, in dünne Scheiben schneiden. Mit Öl und dem gehackten Knoblauch dünsten, mit Wein ablöschen, einkochen lassen, die Tomaten zufügen und mit Salz und Pfeffer abschmecken. Die Flamme kleiner stellen und bei geschlossenem Topf ca. eine viertel Stunde köcheln lassen. Den Speck in kleine Würfel schneiden und mit den Pinienkernen in einem separaten Topf mit etwas Öl anbraten. Vor dem Abschalten zusammen mit der gehackten Petersilie in die Sauce geben und etwas durchziehen lassen. In der Zwischenzeit die Nudeln in reichlich Salzwasser bissfest kochen, abgießen und mit der Sauce vermengen.

BUCATINI MIT ZWIEBELN

◆

400 g Bucatini, 3 große Zwiebeln, Thymian, roter Chili, geriebener Parmesankäse, Olivenöl extra vergine, Salz.

Die Zwiebeln in feine Scheiben schneiden und auf kleiner Flamme in Öl dünsten. Darauf achten, dass sie nicht ansetzen. Kurz bevor sie vollkommen glasig sind, mit etwas Thymian, ein wenig Chili und Salz abschmecken. Die Nudeln in reichlich Salzwasser bissfest kochen, abgießen, mit der Sauce vermengen und mit etwas Öl beträufeln.

CAVATIEDDI MIT RUCOLA UND TOMATEN

◆

400 g Cavatieddi (siehe S. 133), 500 g gehackte Dosentomaten, 300 g Rucola, 1 Knoblauchzehe, Olivenöl extra vergine, reifer Ricotta, Salz, Chili.

Das Öl mit dem zerdrückten Knoblauch erhitzen und dann darin die gehackten Dosentomaten mit etwas Salz auf kleiner Flamme ca. 15 Minuten köcheln lassen, ab und zu umrühren.
In der Zwischenzeit den Rucola putzen und einige Minuten in reichlich Salzwasser blanchieren. Dann in demselben Wasser die Cavatieddi bissfest kochen, abgießen und in die Pfanne mit der Sauce geben. Den kleingehackten Rucola, etwas geriebenen Ricotta und ein wenig Chili zugeben und vor dem Servieren gut vermischen.

FARFALLE MIT ZITRONE

◆

400 g Farfalle, Saft von 1 1/2 Zitronen, je 1 Bund Basilikum und Schnittlauch, 1/2 Becher Sahne, 50 g Butter, Salz, Pfeffer.

Dieses Gericht ist sehr schnell zuzubereiten und äußerst schmackhaft. Die Butter in Stücke schneiden und bei Zimmertemperatur weich werden lassen. Dann in einer Schüssel mit dem Zitronensaft und der Sahne so lange verrühren, bis eine weiche Creme entsteht. Mit Salz, Pfeffer und den sehr fein gehackten Kräutern würzen.
Die Farfalle in reichlich Salzwasser bissfest kochen, in die Schüssel mit der Zitronenbutter geben und vor dem Servieren gut vermengen. Sollten die verwendeten Zitronen sehr saftig sein, genügt der Saft einer Zitrone.

FARFALLE MIT KÄSE UND PILZEN

◆

400 g Farfalle, 100 g Fontina, 50 g geriebener Parmesankäse, 50 g geriebener Gruyèrekäse, 250 g frische Pilze, 25 g getrocknete Pilze, 2 Schalotten, 4 reife, feste Tomaten, 1 Bund Petersilie, 2 Esslöffel Sahne, Weißwein, Olivenöl extra vergine, Salz, Pfeffer.

Die getrockneten Pilze waschen und in Wasser einweichen. Die frischen Pilze mit einem feuchten Tuch gründlich putzen und in Scheiben schneiden. Die Schalotten kleinhacken und in einem Topf mit Öl dünsten; sind sie glasig aber nicht braun, die frischen Pilze zugeben und einige Minuten mitdünsten. Mit etwas Wein ablöschen, einkochen lassen und die gehackten trockenen Pilze zusammen mit dem gefilterten Einweich-

wasser und den gehäuteten, entkernten, kleingehackten Tomaten zufügen. Mit Salz und Pfeffer würzen. Unter ständigem Rühren auf mittlerer Flamme ca. 30 Minuten kochen lassen, falls nötig, mit etwas warmer Brühe oder gesalzenem Wasser verlängern. In einer Schüssel den geriebenen Käse und den gewürfelten Fontina mit der Sahne verrühren. 10 Minuten bevor die Sauce vom Feuer genommen wird, den Käse unter die Pilze rühren. In der Zwischenzeit die Nudeln in reichlich Salzwasser bissfest kochen, abgießen und in den Topf zu der Sauce geben. Mit feingehackter Petersilie bestreuen und vor dem Servieren einige Minuten auf der Flamme verrühren.

FARFALLE MIT PAPRIKA
◆

400 g Farfalle, 400 g rote und gelbe Paprikas, 400 g reife, feste Tomaten, 2 Knoblauchzehen, einige Basilikumblätter, 50 g in Salz eingelegte Kapern, Olivenöl extra vergine, Salz, Chili.

Die Paprikaschoten putzen, die Samenkörner und Innenhäutchen entfernen, auf einem mit Öl eingefetteten Backblech in den vorgeheizten Ofen stellen und weich werden lassen. Dann – man braucht dazu eine gute Portion Geduld – die dünne Außenhaut abziehen und die Paprikas in dünne Streifen schneiden. Falls sich auf dem Backblech eventuell ein Saft abgesetzt hat, diesen aufbewahren. In einem Topf das Öl mit dem zerdrückten Knoblauch erhitzen. Sobald der Knoblauch leicht goldgelb wird, diesen herausnehmen und die Paprikas mit dem Saft hinzugeben und dünsten. Kurz darauf die grob gehackten Tomaten hinzufügen, nachdem diese mit kochendem Wasser überbrüht, gehäutet und entkernt wurden. Das Ganze 10 Minuten auf großer Flamme kochen lassen, die gewaschenen, getrockneten Kapern unterrühren, mit Salz würzen und kurz vor dem Abschalten Chili und zerkleinertes Basilikum zugeben.
In der Zwischenzeit die Farfalle in reichlich Salzwasser bissfest kochen, abgießen und mit der Sauce vermengen.

FUSILLI MIT 4 KÄSESORTEN
◆

400 g Fusilli, 100 g milder Gorgonzola, 100 g Fontina, 100 g Gruyèrekäse, 100 g Taleggio, Milch, 1/2 Becher Sahne, geriebener Parmesankäse, Salz, Pfeffer.

Gruyèrekäse, Gorgonzola, Fontina und Taleggio würfeln, zusammen mit etwas Milch in einen teflonbeschichteten Topf geben und auf sehr kleiner Flamme cremig rühren. Dann mit der Sahne verlängern und mit Salz, geriebenem Parmesankäse und frisch gemahlenem Pfeffer würzen. Unter ständigem Rühren köcheln lassen, bis eine flüssige Creme entsteht. In der Zwischenzeit die Nudeln bissfest kochen, abgießen und mit der Käsesauce kurz erhitzen. Vor dem Servieren eventuell mit geriebenem Parmesankäse bestreuen.

FUSILLI MIT SAUBOHNEN

◆

400 g Fusilli, 400 g frische Saubohnen, 400 g reife, feste Tomaten, 2 Knoblauchzehen, einige Basilikumblätter, Olivenöl extra vergine, Salz, Chili.

Die Saubohnen putzen. In einem Topf den gehackten Knoblauch in etwas Öl leicht bräunen, die Saubohnen zugeben, dünsten und die in kleine Stücke geschnittenen Tomaten unterrühren. Die Tomaten zuvor mit kochendem Wasser überbrühen, häuten und entkernen. Mit Salz und ein wenig Chili würzen und auf mittlerer Hitze kochen lassen, von Zeit zu Zeit etwas heißes Wasser zugießen. Vor dem Abschalten die zerkleinerten Basilikumblätter unterrühren. Die Nudeln in reichlich Salzwasser bissfest kochen, abgießen und mit der Bohnensauce sowie etwas Olivenöl anrichten.

FUSILLI MIT GRANATÄPFELN UND ENDIVIE

◆

400 g Fusilli, 400 g Endivie, 2 Granatäpfel, 150 g Ricotta, Olivenöl extra vergine, Salz, Pfeffer.

Die Endivie putzen, in Streifen schneiden und im Wasser, in dem die Nudeln kochen, blanchieren.
In der Zwischenzeit in einer angewärmten Schüssel den Ricotta mit 2 Esslöffeln Nudelwasser glattrühren.
Salzen, pfeffern und die Samenkörner der Granatäpfel einrühren. Sind die Nudeln bissfest, diese zusammen mit dem Gemüse abgießen und in die Schüssel mit dem Ricotta und den Granatapfelsamen geben. Gut vermengen und mit Olivenöl beträufeln.

LINGUINE MIT SÜSSEM BLUMENKOHL

400 g Linguine, 1 Zwiebel, 1 mittelgroßer Blumenkohl, 80 g Rosinen, 80 g Pinienkerne, Salz, Pfeffer, Olivenöl extra vergine, geriebener Parmesankäse (nach Belieben).

Die Rosinen in etwas lauwarmem Wasser einweichen. In der Zwischenzeit den Blumenkohl putzen, in wenig Salzwasser recht bissfest kochen, abgießen und in kleine Stücke zerteilen.
In einem Topf die kleingehackte Zwiebel dünsten und nach einigen Minuten den Blumenkohl, die Pinienkerne, die abgegossenen, gut ausgedrückten Rosinen mit etwas von ihrem Einweichwasser zugeben. Mit Salz und Pfeffer würzen und alles auf mittlerer Hitze garen. Die Nudeln in reichlich Salzwasser bissfest kochen, abgießen, in eine Schüssel geben und mit der Hälfte der Sauce verrühren. Servieren und die verbliebene Sauce auf die einzelnen Portionen verteilen.
Getrennt den geriebenen Parmesankäse reichen.

MACCHERONCINI NACH FRÜHLINGSART

◆

400 g Vollkornmaccheroncini, 1 kg grüner Spargel, 300 g frischer Ricotta, 2 Eier, etwas Milch, 100 g geriebener Parmesankäse, Olivenöl extra vergine, Salz, Chili.

Den Spargel gründlich putzen, ca. 5 Minuten in Salzwasser kochen, abgießen und das Kochwasser aufbewahren. Den Spargel gut abtropfen lassen, in kleine Stücke schneiden und den hölzernen Teil beseitigen.
Die Spargelstücke in einen großen Topf mit einigen Esslöffeln Öl geben und leicht dünsten.
Den Ricotta in einer Schüssel mit einigen Esslöffeln Milch, einer Prise Salz und, je nach Wunsch, mit Chili so lange verrühren, bis eine weiche, glatte Creme entsteht.
Jetzt das Spargelwasser, eventuell mit etwas weiterem Wasser, zum Kochen bringen, die Maccheroncini darin bissfest kochen und abgießen.
Eine feuerfeste Schüssel einfetten und eine Schicht mit den mit etwas Öl und geriebenem Parmesankäse vermengten Nudeln verteilen.
Auf diese Schicht den Spargel und die Hälfte der Ricottacreme geben. Es folgt eine Lage Nudeln, dann Spargel, Ricotta und zum Schluss eine Schicht Maccheroncini. Die Eier mit einer Prise Salz, Chili und 2 Esslöffeln geriebenem Parmesankäse schlagen und über die Nudeln verteilen.
Das Ganze eine halbe Stunde im Ofen überbacken.

MALLOREDDUS MIT KARTOFFELN

◆

400 g Malloreddus (Grundrezept auf S. 134), 400 g Kartoffeln, 200 g Zwiebeln, Olivenöl extra vergine, geriebener Schafskäse, Salz, Pfeffer.

Sowohl die Pasta also auch die Zutaten dieses einfachen, aber sehr schmackhaften Gerichts vermitteln einen Hauch von Sardinien.
Die Malloreddus sollten trocken verwendet werden, weshalb es sich empfiehlt, sie zwei Tage vor dem Kochen zuzubereiten.
Kartoffeln und Zwiebeln schälen und in kleine Würfel bzw. letztere in Scheiben schneiden. In einem Topf Salzwasser zum Kochen bringen, die Kartoffeln und nach ca. 15 Minuten auch die Nudeln zugeben.
Die in feine Scheiben geschnittenen Zwiebeln in einigen Esslöffeln Öl dünsten und die bissfest gekochten, abgegossenen Kartoffeln und Nudeln zu den Zwiebeln geben. Auf mittlerer Hitze kurz verrühren, mit Schafskäse und etwas geriebenem Pfeffer bestreuen und servieren.

ORECCHIETTE MIT GRÜNKOHLSPITZEN

◆

400 g Orecchiette (Grundrezept auf S. 135), 300 g Grünkohlspitzen, 2 Knoblauchzehen, 1 Esslöffel Rosinen (nach Belieben), 1 Esslöffel Pinienkerne (nach Belieben), 2 in Salz eingelegte Sardellen, geriebener Schafskäse, Olivenöl extra vergine, Salz, Chili.

Den Grünkohl gründlich waschen und in reichlich Salzwasser bissfest blanchieren. Das Wasser nicht wegschütten, sondern zum späteren Kochen der Nudeln verwenden.
Den kleingehackten Knoblauch in einigen Esslöffeln Öl leicht bräunen, die vom Salz gesäuberten Sardellen zufügen und auflösen. Die Grünkohlspitzen unterrühren und zum Kochen bringen (falls notwendig mit etwas Wasser aufgießen).
Zum Schluss eventuell nachsalzen, mit Chili würzen und die Pinienkerne sowie die in lauwarmem Wasser eingeweichten, abgegossenen, ausgedrückten und getrockneten Rosinen unterrühren.
Die Orecchiette bissfest kochen, abgießen und im Topf mit dem Grünkohl vermengen. Den geriebenen oder, falls er frisch sein sollte, den in Stücke geschnittenen Schafskäse unterrühren.

PANSOTTI MIT WALNÜSSEN

◆

Für den Teig: Zubereitung des Nudelteigs s. S. 138.
Für die Füllung: 300 g Ricotta, 500 g Mangold, 500 g „Preboggion" (Wirsing, Mangoldblätter und Petersilie), 1 Bund Borretsch, 3 Eier, 50 g Parmesankäse, Muskatnuss, Salz.
Für die Sauce: Walnüsse, Pinienkerne, 1 Knoblauchzehe, Olivenöl extra vergine.

Den Teig laut Grundrezept zubereiten. Ausrollen und in 6 cm große Quadrate teilen. In die Mitte jedes Quadrates ein Häufchen der folgenden Füllung setzen: Gemüse putzen, waschen, kochen und kleinhacken. In einer Schüssel Ricotta mit geriebenem Parmesankäse, Eiern, etwas Salz und geriebener Muskatnuss verrühren. Zum Schluss das kleingehackte Gemüse zugeben und alles gründlich zu einer einheitlichen Masse vermengen. Den quadratischen Nudelteig über das Häufchen mit der Füllung zu einem Dreieck klappen und am Rand gut festdrücken. Die Pansotti in kochendem Salzwasser garen und in der Zwischenzeit die Sauce zubereiten. Nüsse, Pinienkerne und Knoblauch hacken und das Ganze in einem Mörser mit wenig Öl verrühren, damit eine dickflüssige, gut vermengte Creme entsteht. Etwas ruhen lassen und die inzwischen gekochten Pansotti auf einen vorgewärmten Servierteller geben. Die Nusscreme darübergeben und sofort servieren.

NUDELN MIT RICOTTA

◆

400 g Nudeln (kurze Nudeln nach Wahl), 250 g frischer Ricotta, 100 g geriebener salziger Ricotta, Schmalz, Salz, Chili.

Die Nudeln in reichlich Salzwasser bissfest kochen und in der Zwischenzeit die Sauce zubereiten. Etwas Schmalz in einem Topf auslassen und mit dem frischen Ricotta so lange verrühren, bis er sich auflöst. Die Nudeln abgießen und unter den aufgelösten und geriebenen Ricotta mengen. Etwas Chili zugeben und vor dem Servieren gut vermischen. Dieses Rezept kann je nach Wunsch mit Gewürzen und anderen Zutaten angereichert werden: Oregano, Ingwer, gehackte schwarze Oliven.

NUDELN MIT MÖHREN

◆

400 g Nudeln (kurze Nudeln nach Wahl), 2 Zwiebeln, 2 Knoblauchzehen, 10 mittelgroße Möhren, 2 Stangen Staudensellerie, 1 Zweig Rosmarin, 1 Esslöffel Sesamkörner, Olivenöl extra vergine, Salz, Tamari (nach Belieben).

Die Möhren unter fließendem Wasser gründlich mit einer kleinen Bürste putzen und abtrocknen, den Sellerie putzen, Zwiebeln und Knoblauch in feine Scheiben schneiden, mit Öl und dem Rosmarin in einen Topf geben und bei großer Hitze schwenken. Die Möhren sehr dünn in Längsrichtung und die Selleriestangen in recht kleine Stücke schneiden. Das Gemüse mit den Sesamkörnern und einer Prise Salz zu den Zwiebeln geben. Nach einigen Minuten die Hitze kleiner stellen und alles ca. eine viertel Stunde zugedeckt kochen lassen, ab und zu umrühren, damit das Gemüse nicht ansetzt.
Die Nudeln in reichlich Salzwasser bissfest kochen, abgießen und mit dem Gemüse vermengen. Kurz auf dem Feuer lassen und zum Schluss mit Tamari abschmecken. Für ein Gelingen ist es wichtig, dass die Möhren ziemlich bissfest gekocht sind.

NUDELN MIT LINSEN

📷

400 g Vollkornnudeln (kurze Nudeln nach Wahl), 200 g Linsen, 1 Möhre, 1 Stange Staudensellerie, 2 Knoblauchzehen, 2 Lorbeerblätter, 1 Bund Petersilie, roter Chili, Olivenöl extra vergine, Salz.

Die Linsen 12 Stunden einweichen, abgießen und in reichlich frischem Salzwasser zusammen mit dem in kleine Stücke geschnittenen Sellerie, der gewürfelten Möhre und dem Lorbeerblatt zugedeckt auf mittlerer Hitze kochen.
Sind die Linsen fast gar, die Nudeln zugeben und weiterkochen. In der Zwischenzeit folgende Sauce zubereiten: Die Petersilie kleinhacken, den Knoblauch in Scheibchen schneiden und beides zusammen mit Chili eine viertel Stunde bei mäßiger Hitze dünsten. Sind die Nudeln bissfest gekocht, diese zusammen mit den Linsen in eine Schüssel geben, mit der Sauce übergießen und servieren.

ÜBERBACKENE NUDELN MIT ZUCCHINI

◆

400 g Vollkornnudeln (kurze Nudeln nach Wahl), 800 g Zucchini, 1 kg reife Tomaten, 150 g Mozzarella, einige Basilikumblätter, roter Chili, geriebener Parmesankäse, Olivenöl extra vergine, Salz.

Zucchini waschen und in Scheiben schneiden. Eine Stunde bei Zimmertemperatur oder an der Sonne ruhen lassen, in Öl frittieren und zum Abtropfen auf Küchenpapier legen. Die Hälfte der in Stücke geschnittenen Tomaten in einem Topf mit einer Prise Salz und einigen Blättern Basilikum kochen, dann in eine mit Öl eingefettete, feuerfeste Form schichten: Zuerst eine Lage Tomatensauce, dann Zucchini, danach Mozzarellascheiben, darüber den geriebenen Parmesankäse und zum Schluss eine Schicht Zucchini. Darüber die restliche Tomatensauce verteilen und ca. eine halbe Stunde in den vorgeheizten (180 °C) Ofen stellen. In dem vorher bereits für die Tomaten benutzten Topf mit den anderen gehäuteten, kleingehackten Tomaten eine Sauce mit Öl, Salz und Chili zubereiten. Sobald diese fertig ist, die überbackenen Zucchini unterrühren und mindestens 10 Minuten köcheln lassen. Falls nötig einige Esslöffel heißes Wasser dazugeben, damit nichts festbrennt. Die Nudeln in Salzwasser kochen, abgießen und in eine Schüssel geben. Mit der Sauce bedecken und einige frische Basilikumblätter zugeben. Servieren und getrennt geriebenen Parmesankäse reichen.

NUDELN MIT RICOTTA UND ARTISCHOCKEN

400 g Nudeln (kurze Nudeln nach Wahl), 250 g Ricotta, 4 Artischocken, 1 Schalotte, 1 Knoblauchzehe, 1 Bund Petersilie, 1 Zitrone, trockener Weißwein, Olivenöl extra vergine, geriebener Parmesankäse, Salz, Pfeffer.

Von den Artischocken einen Teil des Strunks sowie die harten Blätter entfernen und die Spitzen abschneiden. In sehr feine Streifen schneiden und in Zitronenwasser legen.
Schalotte und Knoblauch feinhacken, mit einigen Esslöffeln Öl dünsten, die abgegossenen Artischocken zugeben und auf großer Hitze unter Rühren dünsten. Nach einigen Minuten die Hitze kleiner stellen, die Artischocken mit etwas Wein ablöschen und diesen einkochen lassen. Mit Salz und Pfeffer würzen, ca. 20 Minuten zugedeckt köcheln lassen und falls nötig, mit etwas heißem Salzwasser begießen.
Die Nudeln bissfest kochen, abgießen und zusammen mit dem zerbröckelten Ricotta unter die Sauce mengen. Einige Esslöffel geriebenen Parmesankäse und feingehackte Petersilie darüberstreuen. Vermischen und warten, bis der Parmesankäse etwas geschmolzen ist. Vom Feuer nehmen und heiß servieren.

PENNE ALL'ARRABBIATA

◆

400 g Penne, 500 g reife, feste Tomaten, 2 Knoblauchzehen, Olivenöl extra vergine, geriebener Schafskäse, Salz, 1 Chilischote.

Die Tomaten mit kochendem Wasser überbrühen, häuten, entkernen und kleinhacken. Die Knoblauchzehen in einigen Esslöffeln Öl leicht bräunen und die Tomaten zugeben. Die Sauce bei mäßiger Hitze eindicken lassen, mit Salz und dem zerstoßenen Chili würzen und bei mäßiger Hitze ca. 20 Minuten köcheln lassen. In der Zwischenzeit die Nudeln in reichlich Salzwasser bissfest kochen, abgießen und bei größerer Flamme unter die pikante Sauce mengen. Etwas geriebenen Schafskäse darüberstreuen.

REGINETTE MIT PARMESANKÄSE

◆

400 g Reginette, 150 g geriebener, frischer Parmesankäse, einige Salbeiblätter, 1 Knoblauchzehe, 100 g Butter, Muskatnuss, Salz, Pfeffer.

Während die Nudeln in reichlich Salzwasser kochen, wird die Sauce zubereitet. Auf sehr kleiner Flamme die Butter auslassen, mit den Salbeiblättern und der zerdrückten Knoblauchzehe würzen. Sobald die Butter geschmolzen und ganz leicht gebräunt ist (sie darf nicht dunkel werden), vom Feuer nehmen und Salbei und Knoblauch herausnehmen. Die Butter mit einigen Esslöffeln des Nudelwassers verlängern und den geriebenen Parmesankäse zugeben. Gut verrühren, bis er sich auflöst und mit Salz und etwas Muskatnuss abschmecken.

Die bissfest gekochten Nudeln abgießen und in die Parmesansauce geben, dabei die Flamme höher stellen. Gut schwenken, damit sich die Zutaten vermischen. Mit reichlich gemahlenem Pfeffer nachwürzen und servieren.

SPAGHETTI ALLA CARBONARA MIT GEMÜSE

📷

400 g Spaghetti, 6 Zucchini, 1 Zwiebel, 1/2 Paprikaschote, 1 Kohlblatt, 2 Eier, Muskatnuss, geriebener Parmesankäse, Olivenöl extra vergine, Salz.

Das Gemüse waschen, kleinschneiden und in einem Topf mit etwas Öl dünsten. Dabei zuerst die Zwiebel, dann den Paprika, das Kohlblatt und die Zucchini hineingeben.

Salzen und bei mäßiger Hitze zugedeckt wenig mehr als eine viertel Stunde schmoren lassen. In der Zwischenzeit die Nudeln kochen und die beiden Eier mit einer Prise Salz und Muskatnuss schlagen.

Sind die Nudeln gekocht, werden sie in den Topf mit dem Gemüse gegeben, etwas Öl und die geschlagenen Eier darübergegossen und wenige Minuten etwas erhitzt. Servieren und getrennt geriebenen Parmesankäse reichen.

SPAGHETTI MIT KNOBLAUCH, ÖL UND CHILI
◆

400 g Spaghetti, 4 Knoblauchzehen, 1 Glas Olivenöl extra vergine, Salz, 1 Chilischote.

Diese Sauce ist ein großer Klassiker und gehört zu denjenigen, die am schnellsten zubereitet ist und immer gelingt.
Die Nudeln in reichlich Salzwasser kochen und in der Zwischenzeit in einem kleinen Topf das Öl mit der zerstoßenen Chilischote erhitzen, dann den in dünne Scheiben geschnittenen Knoblauch zugeben und leicht bräunen. Die bissfest gekochten Nudeln abgießen und mit dem gewürzten Öl vermengen.
Wird eine weniger pikante Sauce gewünscht, den Chili aus dem Öl nehmen, bevor der Knoblauch hinzukommt. Soll die Sauce dagegen weniger nach Knoblauch schmecken, die zerdrückten Knoblauchzehen etwas im kalten Öl stehenlassen, herausnehmen und das Öl mit dem Chili erhitzen.

SPAGHETTI MIT BRANDY
◆

400 g Spaghetti, 4 Gläschen Brandy, 70 g geriebener Parmesankäse, 100 g Butter, 1 Brühwürfel.

Dieses scheinbar ungewöhnliche Rezept ist in Wirklichkeit schnellstens zuzubereiten und sehr schmackhaft. Während die Nudeln in reichlich Salzwasser kochen, den Brühwürfel in kleine Stücke schneiden und bei mäßiger Hitze in einem teflonbeschichteten Topf im Brandy unter ständigem Rühren mit einem Holzlöffel auflösen, damit der Brandy nicht zu sehr einkocht. Die Butter bei Zimmertemperatur aufweichen, in kleine Stücke schneiden und in die Sauce geben. Danach den Parmesankäse zufügen. Die bissfest gekochten Spaghetti abgießen und in die Pfanne zu der Sauce füllen. Eventuell mit geriebenem Parmesankäse bestreuen.

SPAGHETTI MIT TOMATENSAUCE
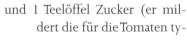

400 g Tomaten, 800 g reife, feste Tomaten, einige Basilikumblätter, 1/2 Teelöffel Zucker, Olivenöl extra vergine, Salz, Chili.

Dies ist vielleicht die klassischste aller traditionellen Saucen auf Tomatenbasis und wird als die Nudelsauce schlechthin betrachtet. Die Tomaten mit kochendem Wasser überbrühen, häuten, den grünen Stengel entfernen und durch das Gemüsesieb streichen.
Sollten die Tomaten sehr wasserhaltig sein, empfiehlt es sich, sie auf einer schiefen Ebene mindestens 1/4 Stunde abtropfen zu lassen. Die passierten Tomaten mit einem Schuss Öl auf den Herd stellen und ca. 30 Minuten bei mäßiger Hitze eindicken lassen. Mit Salz und 1 Teelöffel Zucker (er mildert die für die Tomaten ty-

pische Säure) abschmecken. Kurz bevor die Sauce vom Feuer genommen wird, mit Chili und zerpflücktem Basilikum würzen. Die Spaghetti bissfest kochen, abgießen, servieren und auf jede Portion reichlich Sauce und etwas Öl verteilen.

SPAGHETTI ALLA NORMA

400 g Spaghetti, 600 g gehackte Dosentomaten, 3 Auberginen, 1 Zwiebel, einige Basilikumblätter, 100 g gesalzener Ricotta, Olivenöl extra vergine, Salz, Chili.

Die Auberginen putzen, in ca. 1 cm dicke Scheiben schneiden, mit grobkörnigem Salz bestreuen und eine halbe Stunde ziehen lassen. Dann abwaschen, gut trocknen und in Würfel schneiden. In reichlich kochendem Öl frittieren und auf saugfähigem Küchenpapier abtropfen lassen. Die Zwiebel kleinhacken, in einigen Esslöffeln Öl dünsten, dann die Tomaten zugeben und mit Salz und Chili würzen. Bei mäßiger Hitze eindicken lassen.

Die bissfest gekochten, abgegossenen Nudeln in eine Schüssel geben und den in Würfel geschnittenen Mozzarella, die Tomatensauce, die gebackenen Auberginen und das zerpflückte Basilikum zufügen. Das Ganze gut vermengen und servieren.

SPAGHETTI MIT AUBERGINEN

400 g Spaghetti, 3 längliche Auberginen, 2 Knoblauchzehen, 1 Bund Petersilie, Olivenöl extra vergine, Salz.

Die Auberginen waschen, abtrocknen, in nicht zu dünne Scheiben schneiden und auf eine schiefe Ebene legen (kann auch ein Teller sein). Mit grobkörnigem Salz bestreuen, das ihnen die bittere Flüssigkeit entzieht. Nach zwei Stunden abwaschen, gut abtropfen, abtrocknen und in einer Pfanne mit reichlich Öl und dem zerdrückten Knoblauch frittieren. Wenn sie nach und nach ausgebacken sind, zum Abtropfen des überschüssigen Öls auf saugfähiges Küchenpapier legen. Die Spaghetti bissfest kochen, abgießen und in einer vorgewärmten Schüssel unter die Auberginen mischen. Mit kleingehackter Petersilie bestreuen und heiß servieren.

SPAGHETTI MIT RADICCHIO

400 g Spaghetti, 4 Köpfe Trevisaner Radicchiosalat, 1/2 Zwiebel, 50 g Fontina (nach Belieben), 1/2 Becher Sahne, Olivenöl extra vergine, Muskatnuss, Salz, Pfeffer.

Den Radicchio gründlich waschen, in Streifen schneiden, die gehackte Zwiebel in einigen Esslöffeln Öl glasig dünsten und den Radicchio zugeben. Zum Kochen bringen und zugedeckt bei kleiner Flamme garen. Vor dem Abschalten mit Salz und frisch gemahlenem Pfeffer abschmecken. In der Zwischenzeit die Spaghetti

bissfest kochen, abgießen, zusammen mit der Sahne und dem in Würfel geschnittenen Fontina zum Radicchio in die Pfanne geben und mit etwas gemahlener Muskatnuss würzen.

SPAGHETTI MIT KÜRBISSAUCE
◆

400 g Spaghetti, 500 g gelber Kürbis (vorzugsweise knorrig), 500 g Zwiebeln, 50 g geriebener Parmesankäse, 50 g geriebener Schafskäse, 1 Glas trockener Weißwein, Olivenöl extra vergine, Salz, Pfeffer.

Den Kürbis schälen, entkernen und in Würfel schneiden. Die Zwiebel schälen, in dünne Scheiben schneiden und beide in einem Topf mit etwas Öl bei mäßiger Hitze zugedeckt dünsten. Sobald der Kürbis weich ist, den Deckel abnehmen, mit Salz und Pfeffer abschmecken und mit Weißwein ablöschen. Auf großer Flamme unter Rühren einkochen und dabei den Kürbis mit dem Kochlöffel zerdrücken.
In der Zwischenzeit die Spaghetti in reichlich Salzwasser bissfest kochen, abgießen und in eine Schüssel geben. Die Sauce zusammen mit dem geriebenen Käse unter die Nudeln rühren und vor dem Servieren gut vermengen.

SPAGHETTI MIT KÄSE UND PFEFFER
📷

400 g Spaghetti, 150 g geriebener Schafskäse, Salz, Pfeffer.

Die Spaghetti in reichlich Salzwasser bissfest kochen und so abgießen, dass sie noch etwas vom Kochwasser behalten, mit dem dann der Käse aufgelöst wird. Den Schafskäse zusammen mit reichlich gemahlenem Pfeffer in eine Schüssel geben und die Spaghetti darüberschütten. Eventuell noch etwas Kochwasser zugießen und gründlich vermischen. Sehr heiß servieren. Das Originalrezept sieht für die Sauce weder Öl noch Butter vor.

SPAGHETTI MIT WALNÜSSEN
◆

400 g Spaghetti, 400 g Walnüsse, 1 Knoblauchzehe, 1 Handvoll Brotkrumen, 100 g Sahne, Olivenöl extra vergine, Salz, Muskatnuss.

Die Nüsse schälen und wenn man möchte, kurz in kochendes Wasser geben, um die dünne Haut der Nusskerne abziehen zu können. In einem Mörser zusammen mit dem Knoblauch zerstoßen, das Brot in Wasser (oder Milch) aufweichen und zusammen mit einer Prise Salz zu den Nüssen geben. Alles gut mit dem Stößel vermengen. Ist eine einheitliche Creme entstanden, diese in einem kleinen Topf bei niedriger Flamme mit Milch und einigen Esslöffeln

Öl verlängern. Erwärmen, aber nicht kochen und sofort vom Feuer nehmen. Die bissfest gekochten Spaghetti abgießen, mit der Nusssauce vermengen und mit etwas geriebener Muskatnuss abschmecken.

SPAGHETTI MIT GETROCKNETEN SAUBOHNEN

◆

400 g Vollkornspaghetti, 250 g getrocknete Saubohnen, 3 Tomaten, 1 Zwiebel, Gomasio, Olivenöl extra vergine, Salz.

Die Bohnen 24 Stunden in Wasser einweichen, abgießen und die leicht lösbare Haut abziehen. Die Zwiebel in feine Scheiben und die gewaschenen Tomaten in dünne Streifen schneiden und zusammen mit den Bohnen mit Wasser bedeckt zum Kochen bringen. (Das Einweichwasser wegschütten, da es reich an Schadstoffen ist, die von den Hülsenfrüchten abgesondert wurden.) Auf kleiner Flamme 2 Stunden zugedeckt kochen lassen. Sind die Bohnen gar und ist das Wasser fast vollständig eingekocht, vier bis fünf Esslöffel Öl darübergeben und mit Salz abschmecken. Die Nudeln bissfest kochen, abgießen und mit den Bohnen verrühren. Gut vermengen, mit Gomasio bestreuen und servieren.

SPAGHETTI MIT BOHNEN

◆

400 g Vollkornspaghetti, 120 g getrocknete Bohnen (möglichst die weißen, spanischen Bohnen), 10 Schnittlauchhalme, 1 kleiner Zweig Rosmarin, einige Lorbeerblätter, 1 Teelöffel Estragon, Gomasio, Olivenöl extra vergine, Salz.

Die Bohnen mit den Lorbeerblättern 24 Stunden einweichen, abgießen und in frischem Wasser zusammen mit dem Rosmarin kochen, passieren und zu einer Creme verrühren.
Wenn nötig, dabei etwas von dem Einweichwasser zugeben, welches auch zum Kochen der Spaghetti verwendet werden kann. Die Creme mit Öl anreichern, mit Salz und den kleingehackten Kräutern würzen und vermischen. Die Spaghetti in reichlich Salzwasser kochen, in einer Schüssel die Bohnencreme unterrühren, mit Gomasio bestreuen und servieren.

SEDANINI UND ZUCCHINI

◆

400 g Sedanini, 500 g Zucchini, 1 Knoblauchzehe, 1 Bund Petersilie oder Minze, Kochsahne (nach Belieben), Olivenöl extra vergine, geriebener Parmesankäse, Salz, Pfeffer.

Die Zucchini waschen und in runde Scheiben schneiden. In einer Pfanne einige Esslöffel Öl mit dem in Scheiben geschnittenen Knoblauch erhitzen und die Zucchini darin schwenken.
Sehr vorsichtig rühren, damit das Gemüse nicht zerfällt. Salzen, pfeffern, mit

der kleingehackten Petersilie oder Minze bestreuen und vom Feuer nehmen. Die Sedanini in reichlich Salzwasser bissfest kochen, in die Pfanne zu den Zucchini geben, gut verrühren und eventuell mit einigen Esslöffeln flüssiger Sahne binden. Mit geriebenem Parmesankäse servieren.

BANDNUDELN MIT GRÜNEM SPARGEL
◆

400 g Bandnudeln (Grundrezept auf S. 138), 2 Bund grüner Spargel, 1 Esslöffel Zitronensaft, Muskatnuss, 250 ml Milch, Olivenöl extra vergine, Salz, Pfeffer.

Den Spargel putzen, die Spitzen und den nicht hölzernen Teil der Stiele in kleine Stücke schneiden und in einigen Esslöffeln Öl dünsten. Mit Salz, Pfeffer, Muskatnuss würzen und ein knappes 1/2 Glas warmes Wasser zugießen.
Zudecken und bei mäßiger Hitze 15 Minuten dünsten. Sobald das Wasser eingekocht ist, den Zitronensaft darüberträufeln. Den Spargel zum Kochen bringen (er muss recht weich sein) und ab und zu Milch zugeben. Die Sauce pürieren, nochmals erwärmen und unter die in der Zwischenzeit bissfest gekochten Spaghetti mengen. Die Sauce kann auch mit wildem Spargel zubereitet werden; in diesem Fall nur die weicheren Spitzen verwenden. Es ist jedoch darauf zu achten, dass der Spargel in nicht umweltverschmutzten Gegenden gesammelt wird.

BANDNUDELN MIT KRÄUTERN
◆

400 g Bandnudeln (Grundrezept auf S. 138), 1 Bund Bohnenkraut, Majoran, Basilikum, Petersilie, Schnittlauch und Thymian, Olivenöl extra vergine, Salz.

Soviel Kräuter kleinhacken, dass sich pro Person ein Esslöffel der Mischung ergibt (vom Bohnenkraut kann mehr als von den anderen Kräutern verwendet werden, wogegen mit Thymian und Schnittlauch sparsamer umzugehen ist). In der Zwischenzeit die Nudeln bissfest kochen, die kleingehackten Kräuter sowie das Öl unterrühren, vermischen und servieren. Dieses Gericht gelingt natürlich besser, wenn frische Kräuter verwendet werden, aber man kann eventuell auch zu getrockneten greifen. In diesem Fall sind die Kräuter nach dem Kleinhacken eine viertel Stunde im Öl einzuweichen.

BANDNUDELN MIT ERBSEN
◆

400 g Bandnudeln (Grundrezept auf S. 138), 500 g entschotete Erbsen, 400 g reife, feste Tomaten, 1 Zwiebel, 1 Möhre, 1 Bund Petersilie, Olivenöl extra vergine, Salz, Pfeffer.

Möhre und Zwiebel hacken und in etwas Öl dünsten. Die Erbsen zugeben und mitdünsten. Die Tomaten kurz mit

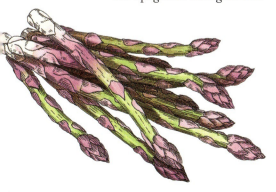

kochendem Wasser überbrühen, häuten, entkernen, kleinhacken und zu der Möhre und der Zwiebel geben. Salzen, pfeffern und zum Kochen bringen. Ab und zu warmes Wasser zugießen. Zum Schluss die gehackte Petersilie darüberstreuen und vom Feuer nehmen.

Die Bandnudeln in reichlich Salzwasser bissfest kochen, abgießen und die Hälfte der Erbsensauce unterrühren. Zum Schluss die restliche Sauce darübergeben und servieren.

Man kann die Tomaten auch weglassen und die Sauce nur mit Erbsen und Zwiebeln zubereiten. In diesem Fall die Dosis auf zwei Zwiebeln erhöhen oder zum Schluss Kochsahne zufügen.

BANDNUDELN MIT TALEGGIO UND TRÜFFEL

400 g Bandnudeln (Grundrezept auf S. 138), 150 g Taleggio, 1 kleiner, schwarzer Trüffel, trockener Weißwein, 1/2 Becher Sahne, Butter, geriebener Parmesankäse, Salz, Pfeffer.

Mit einem Messer die Schale des Taleggio nur abkratzen und nicht wegschneiden, den Käse in kleine Stücke schneiden und in einem Topf mit einem Stück Butter und der Sahne schmelzen. Sobald der Käse cremig ist, mit Salz und Pfeffer würzen.

In der Zwischenzeit die Bandnudeln bissfest kochen, abgießen und in die Käsesauce geben. Den Trüffel gut bürsten, in etwas Weißwein waschen und über die Nudeln reiben. Servieren und geriebenen Parmesankäse dazureichen.

TRENETTE MIT WIRSING

400 g Trenette, 500 g Wirsing, 2 Möhren, 1 Zwiebel, 2 Lorbeerblätter, trockener Weißwein, Olivenöl extra vergine, Salz.

Die Zwiebel putzen und in dünne Scheiben schneiden. Mit Öl und Lorbeer in einen Topf geben und einige Minuten auf großer Flamme bräunen. Die gut geputzten und in Längsstreifen geschnittenen Möhren zugeben und ab und zu umrühren.

Den Wirsing putzen, sehr fein schneiden und zusammen mit dem anderen Gemüse 20 Minuten zugedeckt bei mäßiger Hitze dünsten. Am Schluss, wenn der Wirsing weich ist, mit Weißwein ablöschen, einkochen lassen und salzen. Die Trenette bissfest kochen, abgießen und in den Topf mit dem Gemüse schütten. Einige Minuten auf dem Feuer lassen, vermengen und sehr heiß in einer Schüssel servieren.

TAGLIOLINI MIT MASCARPONE
◆

400 g Tagliolini (Grundrezept auf S. 138), 150 g Mascarpone, 3 Eier, 6-8 Esslöffel geriebener Parmesankäse, Muskatnuss, Salz, Pfeffer.

Die Sauce wird wenige Minuten vor dem Abgießen der Nudeln zubereitet. Die Eier vorher bei Zimmertemperatur aufbewahren. Das Eigelb mit dem Parmesankäse, einer Prise Salz und etwas frisch gemahlenem Pfeffer in einem Topf so lange verrühren, bis eine einheitliche Creme entsteht. Den Topf auf eine sehr kleine Flamme oder, noch besser, ins Wasserbad stellen. Den Mascarpone unter ständigem, sorgfältigem Rühren untermischen und mit Muskatnuss abschmecken. Die bissfest gekochten Nudeln zugeben und schwenken.
Eine besondere Note erhält das Gericht, wenn man die Tagliolini vor dem Servieren mit deutschem Störrogen (oder echtem Kaviar) und etwas geriebener Zitronenschale garniert.

TAGLIOLINI MIT SÜSSEM WEISSWEIN
◆

400 g Tagliolini (Grundrezept auf S. 138), 2 Gläser süßer Weißwein, 150 g Speck in einer Scheibe, 150 g gekochter Schinken in einer Scheibe, 300 g passierte Tomaten, 2 Becher Sahne, Olivenöl extra vergine, geriebener Parmesankäse, Salz, Pfeffer.

Speck und gekochten Schinken in dünne Streifen schneiden und in wenig Öl so anbraten, dass sie leicht anbräunen. Mit dem Wein ablöschen und auf niedriger Flamme einkochen lassen. Die passierten Tomaten zugeben und wenn diese zu kochen beginnen, die Sauce mit Sahne verlängern. Salzen, pfeffern und ca. 20 Minuten weiterkochen. Die Tagliolini in reichlich Salzwasser bissfest kochen, abgießen, mit der Sauce vermengen und mit Parmesankäse bestreuen.

TRENETTE MIT PESTO

400 g Trenette, 100 g grüne Bohnen, 2 Kartoffeln, 30 Basilikumblätter, 1 Knoblauchzehe, 1-2 Esslöffel Pinienkerne, 1 Esslöffel geriebener Schafskäse, 1 Esslöffel geriebener Parmesankäse, Olivenöl extra vergine, Salz.

Die Basilikumblätter waschen, trocknen und mit dem Knoblauch und den Pinienkernen im Steinmörser zerstampfen (den Stößel dabei kreisend gegen die Mörserwand bewegen und das Basilikum im wahrsten Sinne des Wortes „zerstampfen"). Nach kurzer Zeit auch den geriebenen Käse und eine Prise Salz zugeben. Sobald eine einheitliche Creme entsteht, nur mit soviel Öl verlängern, wie für eine nicht übermäßig flüssige Sauce benötigt wird, und den Stößel dabei wie einen Löffel benutzen. Die Sauce gelingt auch, wenn man einen Mixer benutzt.
Die Kartoffeln schälen und Bohnen putzen, erstere in Würfel schneiden und letztere in kleine Stücke brechen. Beide in reichlich Salzwasser kochen und sobald sie bissfest sind, die Trenette zugeben.
Sind auch die Nudeln bissfest, diese zusammen mit dem Gemüse abgießen und unter das Ganze die Pestosauce mischen, die vorher mit 2 Esslöffeln des Nudelwassers verlängert wurde.

VERMICELLI MIT LAUCH
◆

400 g Vermicelli, 4 mittelgroße Lauchstangen, 1 Tomate, 1 Esslöffel Tamari, Olivenöl extra vergine, Salz.

Den Lauch gründlich putzen, die grünen, hölzernen Enden abschneiden, in ca. 1 cm dicke Scheiben schneiden und mit etwas Öl 10 Minuten zugedeckt auf kleiner Flamme dünsten.
In der Zwischenzeit die Tomate waschen, in recht große Stücke schneiden und zum Lauch geben. 1 Glas warmes Wasser, Tamari und eine Prise Salz zugeben und ca. 20 Minuten auf kleiner Flamme kochen.
Die Nudeln bissfest kochen, abgießen, die heiße Sauce unterrühren und servieren.

VERMICELLI MIT ROHEM GEMÜSE
◆

400 g Vermicelli, 500 g reife, sehr feste Tomaten, 1 Möhre, 1 mittlere Zwiebel, 1 Knoblauchzehe, Basilikum, Olivenöl extra vergine, Salz, Chili.

Die Tomaten mit kochendem Wasser überbrühen, häuten, entkernen und kleinhacken. Sollten die Tomaten sehr wässrig sein, das Wasser vor dem Kleinhacken auf einer schiefen Ebene ca. 15 Minuten abtropfen lassen.
Die Tomaten in eine Schüssel geben, die Möhre in Stückchen, die Zwiebel in Ringe und den Knoblauch in Scheibchen schneiden. Das Ganze zu den Tomaten geben, mit etwas Öl, einer Prise Salz, ein wenig Chili und dem zerpflücktem Basilikum würzen. Alles gut vermischen.
Die Marinade 2 Stunden kaltstellen, bevor sie roh unter die in reichlich Salzwasser bissfest gekochten Vermicelli gerührt wird. Die hier vorgeschlagene „Grundversion" kann je nach Jahreszeit und Kreativität geändert und angereichert werden.

ZITE MIT ZWIEBELN UND SEMMELBRÖSELN
◆

400 g Zite, 2 große Zwiebeln, 2 Knoblauchzehen, Oregano, 4 Esslöffel Semmelbrösel, 2 Gläser Weißwein, 1 Glas Olivenöl extra vergine, Salz, Chili.

Zwiebel und Knoblauch in dünne Scheiben schneiden und in einem großen Topf mit Öl dünsten. Nach kurzer Zeit auch die Semmelbrösel hinzugeben und alles so anrösten, dass die Zwiebel nicht zu dunkel wird.
Ist alles eingezogen, mit Wein ablöschen und mit etwas Oregano, Salz und ein wenig Chili würzen. In der Zwischenzeit die Zite bissfest kochen, abgießen und in den Topf mit den Zwiebeln und dem Wein geben, bevor dieser ganz eingekocht ist. Auf der Flamme kurz schwenken und falls nötig etwas Olivenöl zugeben.

Pasta
aus dem Ofen

ÜBERBACKENE CANNELLONI

◆

Für den Teig: Grundrezept siehe S. 137.
Für die Béchamelsauce: Siehe S. 141.

Hier die drei klassischen Cannelloni-Versionen: vegetarisch mit Spinat und Ricotta, mit Fleischsauce und Tomaten, mit Thunfisch. Die drei Rezepte können je nach Geschmack und Phantasie variieren. Für alle muss – wie angegeben – mit der Zubereitung des Nudelteigs begonnen werden. Danach die Béchamelsauce nach Anleitung vorbereiten.

MIT GEMÜSEFÜLLUNG

500 g Blattspinat, 250 g Ricotta (oder Quark), geriebener Parmesankäse, 2 Eier, Béchamelsauce (siehe S. 141), Butter, Muskatnuss, Salz, Pfeffer.

Den Spinat putzen, waschen und in wenig Salzwasser garen. Danach abgießen und abkühlen lassen, ausdrücken und fein hacken. In einer Schüssel den Ricotta mit einer Gabel glattrühren und mit dem Blattspinat, den Eigelben und einigen Esslöffeln geriebenem Parmesankäse vermengen; mit Salz, Pfeffer und Muskatnuss abschmecken. Sollte die Spinat-Käsemischung zu trocken sein, das Eiweiß und etwas lauwarme Milch dazugeben. Nun die rechteckigen Teigplatten mit der Füllung bestreichen und aufrollen; auf den Boden einer Auflaufform etwas Béchamelsauce geben und darauf die Nudelröllchen legen. Die restliche Sauce darüber verteilen und mit geriebenem Parmesankäse bestreuen; zum Schluss einige Butterflöckchen daraufsetzen, in den heißen Ofen schieben (180 °C) und ca. eine halbe Stunde überbacken.

MIT FLEISCHFÜLLUNG

◆

300 g gehacktes Rindfleisch, 100 g gehackte Dosentomaten, 1 Zwiebel, Basilikum, 1/2 Glas Rotwein, Béchamelsauce (siehe S. 141; nur die halbe Menge), 2 Eier, 100 g geriebener Parmesankäse, Olivenöl extra vergine, Butter, Salz, Pfeffer.

Die gehackte Zwiebel in einigen Esslöffeln Olivenöl andünsten, das Fleisch dazugeben und unter Rühren gleichmäßig anbraten. Mit dem Wein ablöschen und einkochen lassen, salzen, pfeffern und die Tomaten hinzufügen. Alles 30 Minuten kochen und kurz vor Kochende mit etwas Basilikum abschmecken. Die Sauce vom Herd nehmen und etwas abkühlen lassen; dann die Eier und den Parmesankäse einrühren. Mit der Mischung die Nudelröllchen füllen; auf den Boden einer Auflaufform etwas Béchamelsauce geben und darauf die Nudelröllchen legen. Mit der übriggebliebenen Sauce übergießen und den Parmesankäse und das kleingeschnittene Basilikum sowie einige Butterflöckchen darübergeben. Im heißen Ofen (180 °C) für ca. eine halbe Stunde überbacken.

MIT THUNFISCHFÜLLUNG

◆

500 g Thunfisch in Öl, 500 g Dosentomaten, 1 Zwiebel, 3 Esslöffel Kapern, 1 Bund Petersilie, Basilikum, 1 großer Mozzarella, Olivenöl extra vergine, Butter, Salz, Pfeffer.

Thunfisch, Mozzarella und Kapern fein hacken; Petersilie und Basilikum ebenfalls hacken und mit einer Prise Salz und Pfeffer zur Thunfisch-Mischung geben. In einem Topf die gehackte Zwiebel in einigen Esslöffeln Öl andünsten, dann die

kleingeschnittenen Tomaten (geschält und ohne Kerne) einrühren und zum Kochen bringen (ca. 30 Minuten).
Kurz vor Ende der Kochzeit mit der gehackten Petersilie und Pfeffer abschmecken. Die Nudelröllchen mit der Thunfisch-Mischung füllen und in eine gebutterte Auflaufform legen.
Die Tomatensauce darübergießen und einige Butterflöckchen daraufsetzen; ca. 10 Minuten im heißen Ofen (200 °C) lassen.

CANNELLONI MIT LACHS
◆

Für den Teig: *Grundrezept siehe S. 137.*
Für die Sauce: *1 Tasse Béchamelsauce (siehe S. 141), Butter.*
Für die Füllung: *400 g frisches Lachsfilet, 2 Zucchini, 12 Stangen grüner Spargel, 1 Ei, 100 g Ricotta (oder Quark), Salz.*

Die in Würfel geschnittenen Zucchini und die Spargelspitzen in kochendem Salzwasser blanchieren und danach gründlich abtropfen lassen.
Das frische Lachsfilet, die Zucchini, die Spargelspitzen, das Ei und eine Prise Salz im Mixer pürieren. Die Mischung in eine Schüssel geben und gut mit dem Ricotta verrühren.
Die Teigplatten kochen, abgießen und auf einem Küchentuch trocknen. Danach auf einer Arbeitsfläche ausbreiten, die Füllung darauf verteilen und aufrollen.
Eine Auflaufform mit Butter ausstreichen und die Nudelröllchen hineinlegen, mit der Béchamelsauce übergießen, darauf die Butterflöckchen setzen und in den Ofen schieben.
Ungefähr eine viertel Stunde überbacken und sofort servieren.

CANNELLONI MIT SPINAT-SCHINKENFÜLLUNG
◆

Für den Teig: *Grundrezept siehe S. 137.*
Für die Sauce: *1 Schöpfkelle Béchamelsauce (siehe S. 141), Butter, geriebener Parmesankäse.*
Für die Füllung: *300 g Blattspinat, 200 g gekochter Schinken in dick geschnittenen Scheiben, 2 Eier, 150 g Fontinakäse, 50 g Butter, geriebener Parmesankäse, Muskatnuss, Salz.*

Spinat verlesen und waschen, in wenig kochendem Salzwasser blanchieren, ausdrücken und kleinhacken. Schinken würfeln und Fontinakäse in Butter weich werden lassen. In einer Schüssel Spinat, Schinken, Fontinakäse, eine Handvoll geriebenen Parmesankäse, Eier, je eine Prise Muskatnuss und Salz verrühren. Die Teigplatten kochen, abgießen und auf einem Küchentuch trocknen. Danach auf einer Arbeitsfläche ausbreiten, Füllung darauf verteilen und aufrollen. Eine Auflaufform mit Butter ausstreichen und die Nudelröllchen hineinlegen, mit Béchamelsauce übergießen, den Parmesankäse darüberstreuen, darauf die Butterflöckchen setzen, ca. eine viertel Stunde im Ofen überbacken und sofort servieren.

LASAGNE AL FORNO

Für den Teig: *Grundrezept siehe S. 138.*
Zum Binden: *2 Mozzarellas, geriebener Parmesankäse, Béchamelsauce (siehe S. 141), Butter, Salz.*
Für die Sauce: *150 g gehacktes Rindfleisch, 50 g gekochter Schinken am Stück, 50 g Bratwurst, 600 g gehackte Dosentomaten, 1/2 Zwiebel, 1 kleine Möhre, 1/2 Stange Staudensellerie, 1 Knoblauchzehe, Lorbeer, Basilikum, 1 Gewürznelke, 1 Stückchen Zimt, 1/2 Glas Rotwein, Olivenöl extra vergine, Salz, Pfeffer.*

Den Teig nach Anweisung zubereiten, garen und auf Küchentüchern trocknen. Danach die Sauce zubereiten: Zwiebel, Möhre, Staudensellerie und Knoblauch putzen und hacken; den Schinken ebenfalls hacken. In einem Topf die Bratwurst in etwas Öl anbraten, gehacktes Gemüse und Schinken dazugeben und unter Rühren weich werden lassen. Bevor alles anbräunt, Hackfleisch zufügen und gleichmäßig anbraten; Wein dazugießen und einkochen lassen. Dann Tomaten, Lorbeer, Gewürze und Salz einrühren. Auf kleine Flamme stellen und alles ca. 1 Stunde im geschlossenen Kochtopf köcheln lassen: die Sauce muss später noch ziemlich flüssig sein, damit die verschiedenen Schichten des Auflaufs „feucht" genug sind. In der Zwischenzeit Béchamelsauce zubereiten. Auf dem Boden einer rechteckigen Auflaufform ein wenig Hackfleisch- und Béchamelsauce verteilen und vermischen.

Die erste Schicht Lasagneplatten auslegen und den gewürfelten Mozzarella sowie den geriebenen Parmesankäse darübergeben; danach eine weitere Teigschicht auslegen und darauf die Hackfleisch- und die Béchamelsauce verteilen.

Mit abwechselnden Schichten fortfahren, bis alle Zutaten aufgebraucht sind; zuletzt die Hackfleisch- und Béchamelsauce darübergeben. Mit Parmesankäse bestreuen, einige Butterflöckchen daraufsetzen und 30-40 Minuten im heißen Ofen backen (200 °C).

CANNELLONI MIT BRATWURST UND MOZZARELLA
◆

Für den Teig: *Grundrezept siehe S. 137.*
Für die Sauce: *1 Schöpfkelle Béchamelsauce (siehe S. 141), 4 Esslöffel Tomaten aus der Dose, Butter, geriebener Parmesankäse.*
Für die Füllung: *300 g Mangold, 200 g Bratwurst, 200 g Mozzarella, 2 Eier, Butter, geriebener Parmesankäse, Salz, Pfeffer.*

Den Mangold putzen und waschen, in wenig kochendem Salzwasser blanchieren, ausdrücken und kleinhacken. Das Gemüse und die Bratwurstfüllung in der Butter andünsten; den Mozzarella würfeln und danach in einer Schüssel Mangold, Mozzarella, Bratwurst, Eier und ausreichend geriebenen Parmesankäse, eine Prise Salz und eine Prise Pfeffer mit einem Holzlöffel vermischen. Die Teigplatten kochen, abgießen und auf einem Küchentuch trocknen. Danach auf einer Arbeitsfläche ausbreiten, die Füllung darauf verteilen und aufrollen. Eine Auflaufform mit Butter ausstreichen und die Nudelröllchen hineinlegen, mit der Béchamelsauce und den Tomaten aus der Dose übergießen, den geriebenen Parmesankäse darüberstreuen, einige Butterflöcken daraufsetzen, bei 180 °C ca. eine halbe Stunde im Ofen überbacken und sofort servieren.

LASAGNE-PHANTASIE
◆

Für den Teig: *Zu dem Grundrezept auf S. 138 kommen noch 300 g Blattspinat, 20 g Tomatenpulver (gefriergetrocknete Tomaten) und 1 Prise Chilipulver dazu.*
Für die Sauce: *200 g Gorgonzola, 150 g Bratwurst vom Schwein, 1 Stange Lauch, 1 Zweig Rosmarin, 40 g Butter, 1 Tasse Tomatensauce, 1 Tasse Béchamelsauce (siehe S. 141), Olivenöl extra vergine, geriebener Parmesankäse, Salz.*

Den Teig für den Auflauf in drei Teile aufteilen: der erste Teil wird wie gewohnt verarbeitet, dem zweiten Teil wird der Blattspinat hinzugefügt; diesen vorher in wenig kochendem Salzwasser blanchieren, ausdrücken und pürieren; zu dem letzten Teigdrittel das Tomatenpulver und eine Prise gemahlene rote Chilischote geben. Danach die Teigplatten in Quadrate schneiden. Lauch und Rosmarin kleinhacken und zusammen mit der Bratwurstfüllung krümelig anbraten. Die Tomatensauce dazugeben und ein wenig einkochen lassen.

In einem anderen Topf auf sehr kleiner Flamme die Butter und den Gorgonzola zerlassen. Die Teigplatten kochen und eine Schicht in einer gebutterten Auflaufform ausbreiten. Mit etwas Sauce, Béchamelsauce sowie einer Schicht geschmolzenem Gorgonzola bestreichen. Auf dieselbe Weise fortfahren, dabei aber für jede Schicht verschiedenfarbige Teigplatten verwenden und mit der Sauce begießen, bis alle Zutaten aufgebraucht sind. Die oberste Schicht mit reichlich Parmesankäse bestreuen und Butterflöckchen daraufsetzen. Ca. eine halbe Stunde im Ofen (180 °C) überbacken und sofort servieren.

LASAGNE AUF PIEMONTESER ART
◆

Für den Teig: *Grundrezept siehe S. 138.*
Für die Sauce: *100 g gehacktes Kalbfleisch, 50 g Bratwurst, 50 g Hühnerleber, 1 Scheibe gekochte Salami, 1 kleine Zwiebel, 1 Stange Staudensellerie, 1 Zweig Rosmarin, 2 Lorbeerblätter, 1 Tasse Tomatensauce, 1 Tasse Béchamelsauce (siehe S. 141), geriebener Parmesankäse, gereifter Toma d'Alba (Piemonteser Käse), Olivenöl extra vergine, Muskatnuss, Salz, Pfeffer, Butter.*

Zwiebel, Staudensellerie, die gekochte Salami und Rosmarin kleinhacken und in Öl anbräunen. Die Hühnerleber waschen, kleinschneiden und zugeben; salzen und pfeffern. Die Bratwurstfüllung, das gehackte Kalbfleisch und den Lorbeer einrühren. Auf mittlerer Flamme anbraten, dabei mit einem Holzlöffel umrühren. Zum Schluss die Tomatensauce dazugießen, einkochen lassen und die Sauce fertiggaren. Die Teigplatten kochen und eine Schicht in eine gebutterte Auflaufform geben. Mit der Sauce und der Béchamelsauce bestreichen, je eine dünne Schicht geriebenen Parmesankäse und Toma d'Alba darüber streuen; mit einer Prise Muskatnuss abschmecken. Darauf wieder eine Schicht Teigplatten auslegen und auf diese Weise fortfahren, bis alle Zutaten aufgebraucht sind. Auf die letzte Schicht einige Butterflöckchen setzen. Im Backofen (200 °C) 30-40 Minuten überbacken. Heiß servieren.

LASAGNE MIT KRÄUTERN
◆

Für den Teig: *Grundrezept siehe S. 138.*
Für die Sauce: *200 g Blattspinat, 200 g Mangold, 100 g Butter, 1 Knoblauchzehe, 1 Tasse Béchamelsauce (siehe S. 141), 1 Zweig Rosmarin, geriebener Parmesankäse, Salz, Pfeffer.*

Das Gemüse putzen und waschen. In wenig kochendem Salzwasser blanchieren, abkühlen lassen, sorgfältig ausdrücken und kleinhacken. Die Butter in einem kleinem Topf anbräunen und mit Knoblauch und Rosmarin abschmecken. Die Teigplatten kochen und eine Schicht in eine gebutterte Auflaufform legen. Mit je einer dünnen Schicht Béchamelsauce und Gemüse bestreichen; darauf reichlich geriebenen Parmesankäse streuen, mit Kräuterbutter beträufeln und eine Prise Pfeffer darübergeben. So fortfahren bis alle Zutaten aufgebraucht sind.

Auf die letzte Schicht kommen nur Béchamelsauce, Parmesankäse und Butter. Im vorgeheizten Ofen (200 °C) überbacken. Heiß servieren.

LASAGNE MIT RICOTTA UND AUBERGINEN

◆

Für den Teig: *Grundrezept siehe S. 138.*
Für die Sauce: *300 g gehackte Dosentomaten, 2 mittelgroße Auberginen, 180 g frischer Ricotta (oder Quark), 10 geschälte Walnüsse, geriebener Parmesankäse, Olivenöl extra vergine, Salz, Pfeffer.*

Den Teig nach Grundrezept vorbereiten und auf einer bemehlten Fläche trocknen lassen. In einen Topf etwas Öl und die Tomaten geben und mit Salz und einer Prise Pfeffer abschmecken; daraus die Sauce bereiten. Walnüsse aufkochen lassen, pellen und zerstoßen. Auberginen waschen und abtrocknen, in Scheiben schneiden, mit großkörnigem Salz bestreuen und für zwei Stunden ruhen lassen; die angesammelte Flüssigkeit abgießen, abspülen, abtrocknen und in ausreichend heißem Öl frittieren. Auf Küchenpapier abtropfen lassen und kleinhacken. Einen Topf mit reichlich Wasser aufsetzen; sobald es kocht, salzen und die Teigplatten einlegen. Bissfest kochen und mit einem Schaumlöffel herausnehmen, auf ein Küchentuch legen und trocknen lassen. Eine Auflaufform mit Öl ausstreichen, mit einer Schicht Teigplatten auslegen, etwas Tomatensauce darauf verstreichen, die gehackten Auberginen verteilen, den Ricotta und die Walnüsse darüber krümeln; mit geriebenem Parmesankäse bestreuen und mit Öl beträufeln; auf diese Weise fortfahren und immer eine Schicht Nudelteig und eine Schicht Sauce abwechseln. Als oberste Schicht die Teigplatten mit etwas dünn geschnittenem Ricotta auslegen, ein wenig Parmesankäse darüberstreuen sowie mit einigen Tropfen Öl beträufeln. Im vorgeheizten Ofen (180 °C) ca. 10 Minuten backen und heiß servieren.

GRÜNE LASAGNE

Für den Teig: *Zu dem Grundrezept auf S. 138 kommen noch 300 g Blattspinat dazu.*
Für die Sauce: *150 g Castelmagnokäse, 150 g Gorgonzola mit Mascarpone, 150 g frischer Ricotta (oder Quark), 40 g Butter, geriebener Parmesankäse, Salz, Muskatnuss, Pfeffer.*

Pasta aus dem Ofen

Den Teig wie im Grundrezept beschrieben vorbereiten. Den Blattspinat blanchieren, gut ausdrücken, pürieren und mit dem Teig vermischen. In einem Topf die Butter mit dem Gorgonzola und dem Castelmagnokäse zerlassen. Die Nudeln kochen, eine gebutterte Auflaufform mit einer Schicht Nudeln auslegen und etwas geschmolzenen Käse darauf verteilen; eine Schicht Ricotta darübergeben und mit einer Prise Muskatnuss und einer Prise Pfeffer abschmecken.

Eine zweite Lage Nudeln auslegen und die Sauce darüber verteilen. Auf diese Weise fortfahren, bis alle Zutaten aufgebraucht sind. Auf die letzte Schicht einige Butterflöckchen setzen und mit reichlich geriebenem Parmesankäse bestreuen. Im vorgeheizten Ofen (200 °C) 30-40 Minuten überbacken und sofort servieren.

MAKKARONIAUFLAUF
◆

400 g Makkaroni, 100 g Emmentaler, 100 g geriebener Parmesankäse, 200 g frische Pilze, 1 Knoblauchzehe, 1 Bund Petersilie, Béchamelsauce (siehe S. 141), Olivenöl extra vergine, Butter, Salz, Pfeffer.

Die Pilze waschen, mit einem feuchten Tuch die Erdreste entfernen und in Scheiben schneiden. Den Knoblauch zerdrücken, im Öl andünsten und darin die Pilze schmoren. Nach Ende der Kochzeit den Knoblauch entfernen, salzen, pfeffern und die gehackte Petersilie zugeben. Die Béchamelsauce wie beschrieben zubereiten und danach mit dem gewürfelten Emmentaler und zwei Esslöffeln geschmorter Pilze vermengen. Die Nudeln in reichlich Salzwasser bissfest kochen, abgießen und mit den Pilzen vermischen. Danach die Nudeln abwechselnd mit der Béchamelsauce und dem geriebenen Parmesankäse in eine Auflaufform schichten.

Als Abschluss Béchamelsauce, geriebenen Parmesankäse und einige Butterflöckchen daraufgeben; im vorgeheizten Ofen (180 °C) 15 Minuten backen.

PIZZOCCHERI AL FORNO

300 g Pizzoccheri-Nudeln (siehe S. 136), 150 g geriebener Parmesankäse, 150 g Weichkäse wie Fontina oder Bitto, 200 g Wirsing oder Mangold, 200 g Kartoffeln, 3 Knoblauchzehen, 1 Zweig Salbei, 100 g Butter, Olivenöl extra vergine, Salz.

Wirsing und Kartoffeln waschen, in Stücke schneiden und in viel Salzwasser kochen; in dem gleichen Topf werden die Pizzoccheri-Nudeln mitgekocht, weshalb die Garzeiten gut zu berechnen sind, damit alles bissfest wird.

In der Zwischenzeit den Weichkäse in Würfel schneiden, die Butter mit einigen Esslöffeln Öl zerlassen und Salbei und die zerdrückten Knoblauchzehen zugeben (herausnehmen, sobald sie anfangen zu bräunen). In eine Auflaufform eine erste Schicht Nudeln mit Gemüse füllen, darauf eine Mischung aus Parmesankäse und gewürfeltem Fontina-Käse verteilen und mit der Salbeibutter würzen. Es folgen eine weitere

Schicht Nudeln und nach und nach die anderen Zutaten; die letzte Schicht wird mit reichlich Parmesankäse und einigen Butterflöckchen bestreut. Zehn Minuten im vorgeheizten Ofen (200 °C) überbacken.

MAKKARONI MIT AUBERGINEN
◆

400 g Makkaroni, 4 Auberginen, 800 g gehackte Dosentomaten, 1 Zwiebel, einige Blätter Basilikum, 2 Mozzarellas oder 150 g Caciocavallokäse, geriebener Parmesankäse, Olivenöl extra vergine, Zucker, Salz, Chilischote.

Die Auberginen waschen, in Scheiben schneiden, mit Salz bestreuen und eine halbe Stunde ruhen lassen, um die Bitterstoffe zu entziehen; danach abspülen, sorgfältig abtrocknen und auf dem Grill garen. Für die Sauce die in feine Scheiben geschnittene Zwiebel in einigen Esslöffeln Olivenöl anbräunen und die Tomaten einrühren. Eine Messerspitze Zucker, Salz, gemahlene Chilischote zugeben und 20 Minuten auf mittlerer Flamme kochen; kurz vor Kochende mit dem Basilikum abschmecken.

Die Nudeln in reichlich Salzwasser bissfest kochen, abgießen und einen Schuss frisches Öl darübergeben. Eine Auflaufform mit einer Schicht Tomatensauce und einer Schicht Auberginenscheiben auslegen; es folgen eine Lage Mozzarellascheiben und eine Lage Nudeln. Zum Schluss alles mit Parmesankäse bestreuen. Dann wieder die Sauce, die Auberginen und alle anderen Zutaten darüberschichten, bis alles aufgebraucht ist. Mit der Sauce, dem Parmesankäse und einigen Blättern Basilikum abschließen. Im vorgeheizten Ofen (180 °C) ca. 20 Minuten backen. Für eine etwas „üppigere" Version dieses traditionellen sizilianischen Rezepts wird Schweinespeck für die Zubereitung der Sauce verwendet; außerdem werden die Auberginen erst in etwas Mehl gewendet und in Öl frittiert.

FISCHAUFLAUF
◆

Für den Teig: *Grundrezept siehe S. 138.*
Für die Sauce: *250 g ganze Pfeilkalamari, 200 g Miesmuscheln, 200 g Venusmuscheln, 100 g Garnelen, 100 g Scampi, 500 g geschälte Tomaten, 4 Knoblauchzehen, ein Bund Petersilie, Béchamelsauce (siehe S. 141), 1 Glas trockener Weißwein, Olivenöl extra vergine, Salz, 1 Chilischote.*

Die Teigplatten zubereiten, in kochendem Salzwasser garen und auf Küchentüchern trocknen lassen. Für die Sauce die Fische putzen, die Kalamari in Streifen schneiden und die Muscheln in einer geschlossenen Pfanne auf hoher Flamme garen. Nach und nach das Muschelfleisch aus den geöffneten Schalen entfernen und schließlich filtern; die

Flüssigkeit beiseite stellen. 2 Knoblauchzehen in einigen Esslöffeln Öl andünsten. Sobald diese etwas angebräunt sind, aus dem Topf entfernen und die Kalamari aufsetzen; nach 5 Minuten den übrigen Fisch zugeben. Mit dem Wein ablöschen, einkochen lassen und das Muschelwasser angießen. Die kleingeschnittenen, geschälten Tomaten und die zerstoßene Chilischote einrühren und noch 15-20 Minuten köcheln lassen. Mit der sehr feingehackten Petersilie und dem restlichen Knoblauch abschmecken und salzen; nach einigen Minuten vom Herd nehmen. Nun die Béchamelsauce zubereiten. Dann in einer Auflaufform eine Lage Sauce und eine Lage Béchamelsauce verteilen und die Nudeln darüberschichten; auf diese Weise die unterschiedlichen Schichten abwechseln und gut mit Sauce begießen, bis alle Zutaten aufgebraucht sind. Den Abschluss bildet die Sauce; darauf einige Blätter Basilikum verteilen. Im vorgeheizten Ofen (200 °C) ca. eine halbe Stunde überbacken.

ce wie beschrieben zubereiten und danach mit zwei Esslöffeln geschmorter Pilze und Bratwurst vermengen. Die Nudeln in reichlich Salzwasser bissfest kochen, abgießen und mit der Sauce vermischen. Danach die Nudeln abwechselnd mit der Béchamelsauce und dem geriebenen Parmesankäse in eine Auflaufform schichten. Als Abschluss Béchamelsauce, geriebenen Parmesankäse und einige Butterflöckchen daraufgeben; im vorgeheizten Ofen (200 °C) 15 Minuten backen. Vor dem Servieren einige Minuten abkühlen lassen.

ÜBERBACKENE RIGATONI MIT PILZEN

◆

380 g Rigatoni, 200 g Pilze, 150 g Bratwurst, 1 Knoblauchzehe, 100 g geriebener Parmesankäse, Béchamelsauce (siehe S. 141), Butter, Olivenöl extra vergine, Salz, Pfeffer.

Die Pilze putzen, waschen und kleinschneiden. Den Knoblauch zerdrücken, im Öl andünsten und darin die Pilze und die zerkrümelte, aus der Pelle entfernte Bratwurst schmoren. Nach Ende der Kochzeit den Knoblauch entfernen, salzen und pfeffern. Die Béchamelsau-

ÜBERBACKENE BANDNUDELN MIT SPARGEL

◆

400 g Bandnudeln (Grundrezept siehe S. 138), 1 kg Spargel, 250 g frischer Ricotta (oder Quark), 2 Eier, Muskatnuss, geriebener Parmesankäse, Olivenöl extra vergine, Salz, Pfeffer.

Den Spargel putzen, die holzigen Enden abschneiden und in kochendem Salzwasser ca. 15 Minuten garen, abgießen und gründlich abtropfen lassen; danach in kleine Stücke schneiden (wobei zu harte Stücke entfernt werden müssen). In einem breiten Topf ein wenig Öl erhitzen, die Spargelstücke zugeben und

Pasta aus dem Ofen

etwas anbräunen; in der Zwischenzeit den Ricotta in eine Schüssel bröseln und mit wenig Wasser, Salz und Pfeffer vermengen, bis eine glatte Creme entsteht. Das Wasser für die Bandnudeln aufsetzen, zum Kochen bringen, salzen und die Nudeln darin bissfest kochen; in der Zwischenzeit eine Auflaufform mit Öl ausstreichen. Dann die Nudeln mit Öl und geriebenem Parmesankäse vermengen und eine Lage davon in die Auflaufform geben, den Spargel einschichten sowie die Hälfte der Käsecreme. Mit den Bandnudeln, dem Spargel, der Käsecreme und schließlich mit einer letzten Schicht Bandnudeln fortfahren. Die geschlagenen Eier mit ein wenig Salz und Pfeffer sowie einer Prise Muskatnuss und ein paar Esslöffeln geriebenem Parmsankäse darauf verteilen. Zum Schluss den Nudelauflauf im vorgeheizten Ofen (180 °C) ca. eine halbe Stunde überbacken.

BLUMENKOHLAUFLAUF
◆

400 g Lasagne (Grundrezept siehe S. 138), 1 großer Blumenkohl, 1 Knoblauchzehe, 1 Prise Muskatnuss, Chilipulver, Béchamelsauce (siehe S. 141), 100 g geriebener Gruyèrekäse, 100 g geriebener Parmesankäse, Olivenöl extra vergine, Salz.

Die Teigplatten gemäß der Anleitung zubereiten, in kochendem Salzwasser garen und auf Küchentüchern trocknen lassen. Den Blumenkohl waschen, in Röschen schneiden und für einige Minuten in wenig Wasser kochen; abgießen, das Blumenkohlwasser aufbewahren und den Blumenkohl in einer Pfanne mit wenig Öl, der Knoblauchzehe, einer Prise Chilipulver und einer Prise Muskatnuss anbraten. Dann die Béchamelsauce gemäß der Anleitung zubereiten, auch eine Handvoll geriebenen Parmesan- und Gruyèrekäse einrühren. Eine Auflaufform mit Öl ausstreichen, die Teigplatten einlegen, eine Schicht Béchamelsauce darübergeben sowie den geriebenen Parmesan- und Gruyèrekäse und den Blumenkohl darauf verteilen; auf diese Weise fortfahren, bis alle Zutaten aufgebraucht sind; mit der Béchamelsauce und dem geriebenem Käse abschließen. Schließlich im vorgeheizten Ofen (200 °C) backen, bis sich eine leicht gebräunte Kruste gebildet hat.

FENCHELAUFLAUF
◆

400 g Lasagne (Grundrezept siehe S. 138), 1 kg Fenchel, 1 Knoblauchzehe, 1 Prise Muskatnuss, gemahlene Chilischote, Béchamelsauce (siehe S. 141), 100 g geriebener Gruyèrekäse, 100 g geriebener Parmesankäse, Olivenöl extra vergine, Salz.

Die Teigplatten gemäß der Anleitung zubereiten, in kochendem Salzwasser garen und auf Küchentüchern trocknen

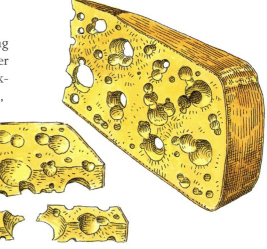

lassen. Den Fenchel gründlich waschen, längs in Streifen schneiden und in wenig Wasser kochen; abgießen, wenn der Fenchel noch bissfest ist, und in einer Pfanne mit wenig Öl, der Knoblauchzehe, einer Prise Chilipulver und einer Prise Muskatnuss anbraten. Die Béchamelsauce gemäß der Anleitung zubereiten, auch eine Handvoll geriebenen Parmesan- und Gruyèrekäse einrühren. Eine Auflaufform mit Öl ausstreichen, die Teigplatten einlegen, eine Lage Béchamelsauce darübergießen, den geriebenen Parmesan, den geriebenen Gruyèrekäse und den Fenchel einschichten. Auf diese Weise fortfahren, bis alle Zutaten aufgebraucht sind; mit der Béchamelsauce und dem geriebenen Käse abschließen. Schließlich im vorgeheizten Ofen (200 °C) backen, bis sich eine leicht gebräunte Kruste gebildet hat.

PAPRIKAAUFLAUF
◆

400 g Lasagne (Grundrezept siehe S. 138), 3 Paprika, 2 reife Tomaten, 1 Zwiebel, 1 großer Mozzarella, ausreichend Tomatensauce, Chilipulver, geriebener Parmesankäse, Olivenöl extra vergine, Salz.

Die Teigplatten gemäß der Anleitung zubereiten, in kochendem Salzwasser garen und auf Küchentüchern trocknen lassen. Sollten Sie keine fertige Tomatensauce zur Hand haben, so muss eine zubereitet werden, zu der am Ende der Kochzeit zusätzlich Möhren, Staudensellerie, Zwiebeln und einige Blätter Basilikum gegeben werden. Sodann die Paprika waschen und in dünne Streifen schneiden, wobei die Innenhäutchen und die Kerne entfernt werden müssen. Mit einer in Scheiben geschnittenen Zwiebel und wenig Öl in eine große Pfanne geben, alles kräftig anbraten; dabei ständig mit einem Holzlöffel umrühren und schließlich die Flamme niedrigstellen. Wenn die Paprika weich sind, zwei in Würfel geschnittene Fleischtomaten einrühren. Erst am Ende der Kochzeit salzen und pfeffern. Wenn die Paprika fertig gegart sind, eine Auflaufform mit Öl ausstreichen und mit einer Lage Teigplatten auslegen; Tomatensauce darübergießen sowie gewürfelten Mozzarella, geriebenen Parmesankäse und Paprika einschichten. Auf diese Weise fortfahren, bis alle Zutaten aufgebraucht sind, und mit einer Lage Nudeln, Tomaten und Parmesankäse abschließen. Im vorgeheizten Ofen (200 °C) ca. 20 Minuten backen, aus dem Ofen nehmen und sofort servieren.

AUFLAUF „CAPRICCIOSO"
◆

400 g Lasagne (Grundrezept siehe S. 138), 800 g reife, feste Tomaten, 1 Mozzarella, 2 Auberginen, 2 Paprika, 2 Zucchini, 1 Möhre, 1 Stange Staudensellerie, Oregano, Chilipulver, geriebener Parmesankäse, Olivenöl extra vergine, Salz.

Die Teigplatten gemäß der Anleitung zubereiten, in kochendem Salzwasser garen und auf Küchentüchern trocknen lassen. Auberginen, Zucchini und Paprika waschen, abtrocknen und kleinschneiden (von den Paprika die Innenhäutchen und die Kerne entfernen). Das Gemüse zusammen mit einer in dünne Scheiben geschnittenen Zwiebel und ein wenig Öl in eine Pfanne geben und für einige Minuten auf mittlerer Flamme anbraten. Die Flamme niedrigstellen und weiterköcheln lassen, dabei kurz vor Kochende mit etwas Salz und einer Prise Chilipulver abschmecken. In der Zwischenzeit mit den geschälten (dazu mit kochendem Wasser überbrühen), entkernten und kleingeschnittenen Tomaten sowie einer gehackten Zwiebel, einer Möhre, dem Staudensellerie und einer Prise Oregano eine Tomatensauce zubereiten.

Wenn die Sauce fast fertig gegart ist, mit dem Gemüse vermengen und noch einige Minuten auf dem Herd lassen, so dass sie Geschmack annehmen kann. Eine Auflaufform mit Öl ausstreichen und mit einer Lage Teigplatten auslegen; Tomaten-Gemüsesauce darübergießen sowie gewürfelten Mozzarella und geriebenen Parmesankäse einschichten. Auf diese Weise fortfahren, bis alle Zutaten aufgebraucht sind, und mit einer Lage Nudeln, Tomaten und Parmesankäse abschließen. Im vorgeheizten Ofen (200 °C) ca. 20 Minuten backen, aus dem Ofen nehmen und sofort servieren.

VEGETARISCHER AUFLAUF

◆

400 g Spaghetti, 300 g frische entschotete Erbsen, 3 Artischocken, 1/2 Zwiebel, Chilipulver, 100 g geriebener Gruyèrekäse, Semmelbrösel, 1 Zitrone, Olivenöl extra vergine, Salz.

Die Zwiebel in dünne Scheiben schneiden und in einer Pfanne mit etwas Öl dünsten; nach einigen Minuten die Erbsen und die Artischocken zugeben; vorher die holzigen äußeren Blätter und die Spitzen der Artischocken entfernen, diese achteln und in Zitronenwasser legen. Mit Salz und Chilipulver abschmecken, zudecken und auf mittlerer Flamme köcheln. Wenn das Gemüse fast fertig gegart ist, reichlich Salzwasser zum Kochen bringen, die Spaghetti ziemlich bissfest kochen und abgießen. Einen Schuss Öl zu den Nudeln geben und in eine Auflaufform füllen; dabei

immer eine Schicht Nudeln mit einer Lage dünn geschnittenem Gruyèrekäse abwechseln. Nach der Hälfte der Lagen in die Mitte des Auflaufs das Gemüse geben, wie vorher fortfahren, die Oberfläche mit Semmelbröseln bedecken und im vorgeheizten Ofen (180 °C) backen. Nach ca. 20 Minuten aus dem Ofen nehmen, auf einem Servierteller anrichten und heiß servieren.

SPINATAUFLAUF
◆

400 g Lasagne (Grundrezept siehe S. 138), 1 kg Blattspinat, 400 g Ricotta (oder Quark), 1 Prise Muskatnuss, Chilipulver, 100 g geriebener Parmesankäse, Olivenöl extra vergine, Salz.

Die Teigplatten gemäß der Anleitung zubereiten, in kochendem Salzwasser garen und auf Küchentüchern trocknen lassen. Den Spinat putzen, sorgfältig waschen und in wenig Salzwasser blanchieren; abgießen und gründlich ausdrücken. Kleinhacken und mit dem zerbröselten Ricotta vermengen, gegebenenfalls ein wenig Spinatwasser oder Milch hinzufügen, so dass die Mischung eine cremige Konsistenz erhält. Zum Abschluss den geriebenen Parmesankäse einrühren und mit einer Prise Salz, einer Prise Chilipulver und einer Prise Muskatnuss abschmecken. Eine Auflaufform mit Öl ausstreichen, eine Schicht Teigplatten sowie eine Schicht Spinat-Ricottacreme einlegen und mit geriebenem Parmesankäse bestreuen; auf diese Weise fortfahren, bis alle Zutaten aufgebraucht sind. Mit einer Lage Spinat und Parmesankäse abschließen und im vorgeheizten Ofen bei mittlerer Temperatur backen, bis sich eine gebräunte Kruste gebildet hat (ca. eine halbe Stunde).

BUCATINI-TORTE
◆

200 g Bucatini-Nudeln, 400 g Kartoffeln, 200 g Dosentomaten, 2 Zwiebeln, Oregano, Basilikum, 50 g geriebener Parmesankäse, 3 Esslöffel Olivenöl extra vergine, Salz, Pfeffer.

Pasta aus dem Ofen

Die Kartoffeln schälen und in Scheiben schneiden. Eine Lage Kartoffeln in eine runde Form mit hohem Rand schichten, mit ein wenig durchs Sieb gestrichenen Tomaten abdecken und eine in dünne Scheiben geschnittene Zwiebel daraufgeben. Zwei Esslöffel Öl und ein wenig Parmesankäse darüber verteilen. Salzen, pfeffern und mit reichlich Oregano und Basilikum abschmecken. Alles mit einer Schicht klein zerbrochener Bucatini-Nudeln bedecken. Nun wieder Kartoffeln, Tomaten und Bucatini-Nudeln einschichten, die wie vorher mit Öl, Käse und den Gewürzen abgeschmeckt werden. Mit einer Lage Kartoffeln abschließen, da die Nudeln in der Mitte der Torte umschlossen werden sollen.

Über das Ganze soviel Wasser gießen, dass die Nudeln bedeckt bleiben und für 30 Minuten im Backofen bei 170 °C kochen. Das Wasser muss vollständig verbraucht sein.

VINCISGRASSI
◆

Für den Teig: 400 g Mehl, 200 g Grieß, 5 Eier, 40 g Butter, Vinsanto, Salz.
Für die Béchamelsauce: Siehe S. 141.
Für die Sauce: 100 g Schinkenfett, 1 kleine Zwiebel, 300 g Hühnerklein, 450 g Kalbsgekröse und Kalbsknochenmark, 250 g gehackte Dosentomaten, Muskatnuss, Weißwein, Brühe nach Bedarf, 200 g geriebener Parmesankäse, Butter, Olivenöl extra vergine, Salz, Pfeffer.

Mehl, Grieß, Eier, die zerlassene Butter, etwas Salz und einen Schuss Vinsanto in eine Schüssel geben. Die Zutaten durchkneten, ca. eine halbe Stunde ruhen lassen, den Teig ausrollen und in Streifen von 10x15 cm schneiden. In reichlich Salzwasser garen, nach der halben Kochzeit abgießen und auf Küchentüchern abkühlen lassen. Zur Zubereitung der Sauce das Schinkenfett und die gehackte Zwiebel in Öl anbraten, das fein geschnittene Hühnerklein zugeben, einige Minuten anbräunen und mit Weißwein ablöschen. Sobald dieser eingekocht ist, die Tomaten, Salz, Pfeffer und eine Prise Muskatnuss zugeben. Nach ca. 15 Minuten das in Stücke geschnittene Kalbsgekröse und das Knochenmark hinzufügen, mit Salz würzen und im zugedeckten Topf anderthalb Stunden kochen lassen (falls erforderlich, ab und zu heiße Brühe nachgießen).

In der Zwischenzeit die Béchamelsauce nach der Anleitung zubereiten.

Eine Auflaufform mit Öl ausstreichen und schichtweise Nudeln, etwas Béchamelsauce, geriebenen Parmesankäse, Sauce und einige Butterflöckchen einfüllen. So lange wiederholen, bis alle Zutaten aufgebraucht sind. Die letzte Schicht besteht aus Nudeln mit Béchamelsauce und geriebenem Parmesankäse. In den vorgeheizten Ofen (200 °C) geben und ca. 30-40 Minuten backen. Sehr heiß servieren.

Klößchen und gefüllte Pasta

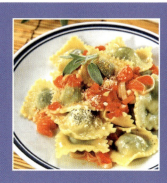

AGNOLOTTI MIT SEEBARSCH

Für den Teig: *Grundrezept siehe S. 138.*
Für die Füllung: *250 g Seebarsch, 50 g Ricotta (oder Quark), 1 Ei, 1 Esslöffel geriebener Parmesankäse, 1 Bund Basilikum, Muskatnuss, Butter, Salz.*
Für die Sauce: *8 Artischockenherzen, 2 Salbeiblätter, 1 Zitrone, 50 g Butter.*

Das Seebarschfilet in wenig Butter dünsten, mit der Gabel zerpflücken und von Gräten und Haut befreien. In einer Schüssel ein Ei aufschlagen, mit einer Prise Salz und einer Prise Muskatnuss abschmecken. Den Ricotta, den Seebarsch, einen Esslöffel geriebenen Parmesankäse und das gehackte Basilikum zugeben. Alles gut vermengen und in regelmäßigen Abständen etwas von der Füllung auf die ausgerollte Teigplatte häufen, die zuvor entsprechend der Anleitung vorbereitet wurde. Mit einer zweiten Teigplatte bedecken und die Ränder um die Füllung fest zusammendrücken, so dass alle Luft aus dem Inneren austritt. Zum Schluss die Nudeln quadratisch (3 cm Seitenlänge) mit einem Teigrädchen ausschneiden. Die Artischockenherzen achteln und in Zitronenwasser geben. Abgießen und in etwas Butter dünsten. In einer anderen Pfanne die restliche Butter zerlassen und zusammen mit dem Salbei leicht anbräunen. Die Agnolotti kochen, abgießen und in eine breite Schüssel füllen. Mit der zerlassenen Salbeibutter und den Artischocken vermischen und sofort servieren.

AGNOLOTTI NACH NEAPOLITANER ART

Für den Teig: *Grundrezept siehe S. 138.*
Für die Füllung: *300 g Ricotta (oder Quark), 2 Eier, 1 großer Mozzarella, 1 Handvoll Basilikumblätter, Salz, Pfeffer.*
Für die Fleischsauce: *500 g gehackte Dosentomaten, 1 Zwiebel, einige Basilikumblätter, 300 g mageres Rindfleisch, Rotwein, Olivenöl extra vergine, Salz, Pfeffer.*

Den Agnolotti-Teig entsprechend der Anleitung vorbereiten. In der Zwischenzeit die Füllung zubereiten. In einer Schüssel Ricotta, Eier, Basilikum, zerkleinerten Mozzarella, Salz und frisch gemahlenen Pfeffer vermengen.
Dann die Fleischsauce aufsetzen: Gehackte Zwiebel in einem Tontopf in etwas Öl dünsten, das in Stücke geschnittene Fleisch zugeben und unter Rühren anbraten. Salzen und mit einem Schuss Wein ablöschen; nach wenigen Minuten die Tomaten zufügen. Bei niedriger Temperatur ca. eine Stunde kochen und kurz vor Ende der Kochzeit mit zerkleinertem Basilikum und Pfeffer würzen. Den Teig auf einer bemehlten Arbeitsfläche ausrollen und in große Kreise schneiden. Auf jede Scheibe etwas von der Füllung geben, den Teig zuklappen und die Ränder fest andrücken, so dass alle Luft aus dem Inneren austritt und die Agnolotti formen. Diese in reichlich Salzwasser kochen, abgießen, die Fleischsauce unterrühren und mit geriebenem Parmesankäse servieren.

AGNOLOTTI MIT TRÜFFEL

◆

Für den Teig: Grundrezept siehe S. 138.
Für die Füllung: 150 g mageres Schweinefleisch, 150 g roher Schinken, 100 g Kalbfleisch, 1/2 Trüffel (weiß oder schwarz), 1 Ei, trockener Weißwein (nach Belieben), 1 Handvoll geriebener Parmesankäse, 50 g Butter, Salz, Pfeffer.
Für die Sauce: 1/2 Trüffel, geriebener Parmesankäse, Butter.

Den Agnolotti-Teig entsprechend der Anleitung zubereiten. Die Butter, das gehackte Kalb- und Schweinefleisch, den gehackten Schinken, die Hälfte des gesäuberten, mit einem Trüffelmesser in dünne Scheiben geschnittenen Trüffels, das Ei, eine Handvoll geriebenen Parmesankäse, Salz und Pfeffer in einen kleinen Topf geben. Bei niedriger Temperatur garen, die Zutaten gut verrühren und, nur falls notwendig, mit etwas Weißwein begießen.
Ist alles gar, den Teig auf einer bemehlten Arbeitsfläche hauchdünn ausrollen. Auf die Hälfte des Teigs wird die Füllung in kleinen Häufchen gesetzt.
Den Teig zuklappen und mit dem Teigrädchen in die gewünschten Form schneiden; die Agnolotti eine halbe Stunde auf einem Küchentuch an der Luft trocknen lassen.
In der Zwischenzeit ausreichend Salzwasser aufsetzen, und sobald es zu kochen beginnt, die Agnolotti hineingeben. Mit einem Schaumlöffel herausnehmen, wenn sie nach und nach an die Oberfläche aufsteigen. Auf einem gewärmten Servierteller anrichten, den geriebenen Parmesankäse und die zerlassene Butter darübergeben und den restlichen geriebenen halben Trüffel darauf verteilen.

AGNOLOTTI MIT KARTOFFELN

Für den Teig: Grundrezept siehe S. 138.
Für die Füllung: 600 g Kartoffeln, 1 Zwiebel, 3 Minzeblätter, 1 Prise Zimt, 1 Gläschen Kognak, Butter, Salz, Pfeffer.
Für die Sauce: Geräucherter Ricotta, Butter.

Den Agnolotti-Teig entsprechend der Anleitung zubereiten. Für die Füllung die Kartoffeln garen und pellen, dann durch die Kartoffelpresse drücken und Salz, Pfeffer, Kognak, die gehackte Minze und eine Prise Zimt zugeben. Alle Zutaten gut vermengen und in einem kleinen Topf die in dünne Scheiben geschnittene Zwiebel mit etwas Butter dünsten; wenn diese ein wenig angebräunt ist, zu den Kartoffeln zufügen und gut untermischen.
Den Teig hauchdünn ausrollen und auf die Hälfte des Teigs die Füllung in kleinen Häufchen setzen; den Teig zuklappen, den Rand um jede Füllung fest an-

drücken und mit einem Teigrädchen die Agnolotti ausschneiden. Wenn das Wasser kocht, leicht salzen, die Agnolotti hineingeben, abgießen und mit der zerlassenen Butter und dem geriebenen, geräucherten Ricotta servieren.

SPINATKNÖDEL
◆

300 g altbackenes Brot, 800 g Blattspinat, 1 Glas Milch, 2 Eier, 1 kleine Zwiebel, 1 Knoblauchzehe, 1 Esslöffel Weizenmehl, 4 Esslöffel geriebener Parmesankäse, 2 Esslöffel Semmelbrösel, 1 Prise Muskatnuss, 100 g Butter, Salz, Pfeffer.

Dies ist nur eine der zahlreichen Zubereitungen für Knödel; wir schlagen Ihnen diese vor, da sie am besten dazu geeignet ist, ohne Sauce serviert zu werden. Zuerst das Brot würfeln und in der lauwarmen Milch einweichen.
Den Spinat putzen, waschen und in einem Topf entweder in wenig Salzwasser blanchieren oder dämpfen. Sobald der Spinat gegart ist, abgießen, ausdrücken und auf mittlerer Flamme in etwas Butter dünsten, in der vorher der gehackte Knoblauch und die Zwiebel angebräunt wurden.
Spinat und Eier zum Brot geben; gründlich vermengen und mit Salz, einer Prise Pfeffer und einer Prise Muskatnuss abschmecken; schließlich das Mehl und die Semmelbrösel untermischen.
Aus der Mischung kleine Knödel formen und diese 15 Minuten in leicht sprudelndem Salzwasser kochen.
Am Ende der Kochzeit die Knödel mit einem Schaumlöffel herausnehmen, mit geriebenem Parmesankäse bestreuen, in der angebräunten, zerlassenen Butter schwenken und servieren.

CASONCELLI
◆

Für den Teig: 500 g Weizenmehl, 1 Prise Salz, 5 Eier.
Für die Füllung: 300 g Rindfleisch, 1 kleine Stange Staudensellerie, 1 Möhre, 1/2 Zwiebel, 1 Gewürznelke, 1 Prise Muskatnuss, 3-4 Basilikumblätter, 1 Ei, 1/2 Glas fülliger Rotwein, 50 g geriebener Parmesankäse, 50 g feine Semmelbrösel, Butter, 2 Esslöffel Olivenöl extra vergine, Salz, Pfeffer.
Für die Sauce: Einige Salbeiblätter, 100 g geriebener Grana-Käse, 120 g Butter.

Für die Zubereitung des Teiges das Mehl auf einer Arbeitsfläche mit einer Prise Salz, 4 ganzen Eiern, einem Eigelb und – falls erforderlich – mit etwas Wasser vermengen. 10 Minuten gut durchkneten und zwei große Teigplatten dünn ausrollen, ohne den Teig austrocknen zu lassen.
In einem Topf die feingeschnittene Zwiebel in einem nussgroßen Stück Butter und Olivenöl extra vergine dünsten; das Fleisch zugeben und von allen Seiten gut anbraten, mit Wein ablöschen und einkochen lassen.
Nachdem man das kleingeschnittene Gemüse, die Gewürznelke, das gehackte Basilikum, Salz, Pfeffer und eine Prise Muskatnuss hinzugefügt hat, zugedeckt 2 1/2 Stunden kochen lassen und falls erforderlich wenig heißes Wasser zugießen. Am Ende der Garzeit das Fleisch kleinhacken und das Gemüse pürieren. Die Masse in eine Schüssel füllen, Semmelbrösel, geriebenen Parmesankäse und Eigelb zugeben. Alles gut vermengen und mit Salz abschmecken.
Auf eine ausgerollte Teigfläche viele nussgroße Portionen der zubereiteten Füllung in Fingerabstand verteilen und mit der anderen Teighälfte bedecken.

Mit den Fingern den Rand um jede Füllung gut festdrücken, um die Masse gut zu schließen.

Mit dem Teigrädchen die Casoncelli in ca. 4 cm große Stücke ausschneiden und auf einem leicht bemehlten Küchentuch trocknen lassen. Vor dem Servieren ca. 10 Minuten in reichlich Salzwasser kochen; gut abtropfen lassen und in einer angewärmten Suppenschüssel mit der zerlassenen Butter, Salbei und dem geriebenen Grana-Käse verrühren. Vor dem Servieren einen Augenblick ruhenlassen, damit die Casoncelli besser durchziehen.

ÜBERBACKENE CRESPELLE

Für die Crespelle: 250 ml Milch, 125 g Mehl, 2 Eier, 30 g Butter, Olivenöl extra vergine, Salz.

Mit dem Servieren von Crespelle hat man immer einen großen Erfolg bei den Gästen. Sie lassen selbst das einfachste Essen als etwas Besonderes erscheinen und eigentlich läuft ihre Zubereitung, mit ein bischen guter Vorarbeit, ohne besondere Schwierigkeiten ab.

Für die Füllung gibt es zahlreiche verschiedene Möglichkeiten, mit Gemüse, Käse, Fleisch und Fisch. Wir wollen Ihnen an dieser Stelle nur die klassischsten Rezepte vorstellen, Ihrer Phantasie sind beim Zusammenstellen anderer Kombinationen keine Grenzen gesetzt. Alle haben aber die Vorbereitung der Crespelle, sowie die Verwendung von Béchamelsauce sowohl zum Binden der Füllung als auch zum Begießen der Crespelle gemein. Die Mengenangabe gilt für die Zubereitung von etwa 12 Crespelle. Mit einem Schneebesen die Eier zusammen mit dem Mehl und einer Prise Salz verrühren, mit der Milch und der zerlassenen Butter verdünnen. Eine teflonbeschichtete Pfanne von 18 cm Durchmesser vorwärmen und mit wenig Öl ausstreichen.

Eine Schöpfkelle Teig auf dem Boden der Pfanne verteilen; wenn die Crespelle auf einer Seite leicht angebräunt ist, diese mit einem Pfannenwender umdrehen und von der anderen Seite backen.

Auf diese Weise fortfahren, bis der Teig aufgebraucht ist. Die Crespelle können auch am Vortag vorbereitet werden; in diesem Fall mit Küchenfolie abdecken und im Kühlschrank aufbewahren.

MIT RADICCHIO-FÜLLUNG

600 g Radicchio aus Treviso, 1 Zwiebel, Béchamelsauce (siehe S. 141), geriebener Parmesankäse, trockener Weißwein, Salz, Pfeffer.

Zwiebel und Radicchio waschen und in Scheiben schneiden, in einem Topf mit etwas Öl weich werden lassen.

Einen Schuss Weißwein über das Gemüse geben, salzen, pfeffern und 10 Minuten auf kleiner Flamme köcheln. Die Béchamelsauce zubereiten und die Hälfte mit dem Radicchio verrühren. Die Crespelle mit der so erhaltenen Masse füllen, viermal zusammenfalten und in einer gebutterten Auflaufform leicht übereinanderlegen.

Mit der restlichen Béchamelsauce übergießen, mit Parmesankäse bestreuen, einige Butterflöckchen darauf setzen und im vorgeheizten Ofen (180 °C) überbacken.

MIT KRUSTENTIER-FÜLLUNG
◆

500 g Scampi und Garnelen, 1 kleine Languste, 2 Knoblauchzehen, 1 Bund Petersilie, 1/2 Portion Béchamelsauce (siehe S. 141), 1 Becher Sahne, 1/2 Gläschen Brandy, Olivenöl extra vergine, Butter, Salz, Pfeffer.

Die Scampi und die Garnelen waschen, aus der Schale lösen und für 5-6 Minuten in einer Pfanne mit einem nussgroßen Stück Butter dünsten. Aus der Schale und der Languste einen Fond zubereiten (siehe S. 114).
Am Ende der Kochzeit die Languste abgießen und aus der Schale lösen; die Brühe filtern und aufbewahren. In einem Topf den Knoblauch in einigen Esslöffeln Öl dünsten; sobald dieser leicht angebräunt ist, aus dem Topf nehmen und die ausgelösten, feingeschnittenen Krustentiere einrühren.
Etwas durchziehen lassen, mit dem Brandy ablöschen und – wenn dieser fast eingekocht ist – mit einigen Esslöffeln Fond, in den zuvor etwas Mehl eingerührt wurde, übergießen. Einkochen lassen und kurz vor Ende der Kochzeit mit Salz und Pfeffer abschmecken. Die Béchamelsauce zubereiten (anstatt der Milch kann ebenso der Fond verwendet werden); sobald die Sauce anfängt zu kochen, etwas gehackte Petersilie einrühren und mit der Sahne verdünnen. Alles solange unter Rühren köcheln lassen, bis die Sauce die richtige Konsistenz erhalten hat (sie muss etwas flüssiger als normale Béchamelsauce sein). In der Mitte der Crespelle einen Esslöffel Fischsauce verteilen und viermal zusammenfalten. In einer gebutterten Auflaufform leicht übereinanderlegen, mit der Béchamelsauce begießen und einige Butterflöckchen darauf setzen. Im vorgeheizten Ofen (200 °C) ca. 10 Minuten überbacken und sofort servieren.

KARTOFFEL-CULINGIONIS

Für den Teig: 500 g Weizenmehl, Wasser, Salz.
Für die Füllung: 600 g Kartoffeln, 1 Zwiebel, 2 Knoblauchzehen, frische Minze, 300 g gereifter, geriebener Schafskäse, Olivenöl extra vergine, Salz.
Für die Sauce: Butter oder Tomatensauce (siehe S. 143).

Aus dem Mehl und etwas warmem Wasser einen homogenen und elastischen Teig vorbereiten. Leicht salzen, gut durchkneten, zu einer Kugel formen, mit einem Küchentuch abdecken und ruhenlassen. In der Zwischenzeit die Kartoffeln schälen, waschen, kochen, durch die Kartoffelpresse drücken und in einer Schüssel mit dem geriebenen Schafskäse und einer Prise Salz vermengen.
Danach die Zwiebel und die Knoblauchzehen schälen, alles zusammen mit einigen Blättern Minze feinhacken und in etwas Öl in einem Tontopf – wenn vorhanden – anbräunen; zu den Kartoffeln und dem Schafskäse geben und alles gut vermischen. Aus der entstandenen Masse viele kleine Bällchen formen.
Den Teig auf einer Arbeitsfläche hauchdünn ausrollen und die Kartoffel-Käse-

Bällchen in Abständen daraufsetzen; mit der anderen Teigplatte bedecken und um die Füllungen herum leicht andrücken; die so erhaltenen Säckchen mit dem Teigrädchen trennen und die Ränder durch Andrücken schließen. In reichlich kochendem Salzwasser garen und mit der zerlassenen Butter oder der Tomatensauce übergießen. Vor dem Servieren sollten die Culingionis mit viel geriebenem Schafskäse bestreut werden.

KARTOFFELKLÖSSCHEN NACH FLORENTINER ART
◆

1 kg Kartoffeln, 300 g Blattspinat, 200 g Weizenmehl, 1 Ei, einige Blätter Salbei, Butter, geriebener Parmesankäse, Salz.

Die Kartoffeln schälen und in Salzwasser kochen; ebenso den Spinat in wenig Salzwasser blanchieren und danach gut ausdrücken. Die Kartoffeln durch die Kartoffelpresse drücken, den Spinat durch ein Sieb streichen und gut mit dem Ei vermengen. Das Mehl zugeben (sollte der Teig zu weich sein, kann noch etwas Mehl hinzugefügt werden). Den Teig in Röllchen drehen und auf einem bemehlten Küchentuch in zwei Zentimeter lange Stückchen trennen.
Die Klößchen in kochendes Wasser geben, und sobald sie an die Oberfläche steigen, mit einem Schaumlöffel herausnehmen und abtropfen lassen. Mit zerlassener Salbeibutter vermischen und mit reichlich Parmesankäse bestreuen.

SPINATKLÖSSCHEN
◆

1 kg Blattspinat, 350 g Ricotta (oder Quark), 2 Eier, geriebener Parmesankäse, Mehl, einige Blätter Salbei, Butter, Muskatnuss, Salz, Pfeffer.

Den Spinat gründlich waschen und in wenig Salzwasser blanchieren; abtropfen lassen, gut ausdrücken und hacken. In einer Schüssel den Ricotta mit einer Gabel verrühren, zum Spinat geben, gut mit den Eigelben und 2 Esslöffeln Parmesankäse vermengen und mit Salz, Pfeffer und Muskatnuss abschmecken.
Einen Esslöffel in Wasser tauchen und aus der weichen Masse walnussgroße Bällchen ausstechen; diese in Mehl wälzen und in kochendes Salzwasser geben. Sobald die Bällchen an die Oberfläche steigen, herausnehmen und vorsichtig abtropfen lassen.
Mit Parmesankäse bestreuen und mit zerlassener Salbeibutter übergießen und servieren.

POLENTAKLÖSSCHEN NACH VALDOSTANER ART
◆

200 g grobes Maismehl, 100 g feines Maismehl, 150 g Fontina-Käse, 2 Eier, 1 l Milch, Muskatnuss, geriebener Parmesankäse, Butter, Salz, Pfeffer.

Die Milch in einem Topf erhitzen; kurz bevor sie zu ko-

chen beginnt, das Maismehl und eine Prise Salz einrühren, dabei mit einem Schneebesen umrühren und wie eine normale Polenta kochen.

Am Ende der Garzeit (nach ca. 40 Minuten) den gewürfelten Fontina-Käse, einen Esslöffel Butter und eine Prise Muskatnuss zugeben und gut verrühren. Den Maisbrei etwas abkühlen lassen, die beiden Eigelbe einrühren und die Masse 1 cm dick ausbreiten.

Wenn sie vollständig abgekühlt ist, mit einem Glas Scheiben von 4 oder 5 cm Durchmesser ausstechen und dachziegelartig in eine zuvor mit Butter ausgestrichene, rechteckige Auflaufform geben. Geriebenen Parmesankäse und Pfeffer darüberstreuen, zerlassene Butter aufträufeln, im vorgeheizten Ofen (180 °C) für 10 Minuten überbacken und servieren.

PFLAUMENKLÖSSCHEN
◆

1 kg Kartoffeln, 1 kg getrocknete Pflaumen, 200 g Weizenmehl, 1 Ei, 30 g Butter, Zucker nach Belieben, Salz.

Aus den Zutaten (außer den Pflaumen und dem Zucker) einen normalen Klößchen-Teig zubereiten, dann aber etwa doppelt so große Klößchen formen. In jedes eine Mulde drücken und eine entsteinte, mit Zucker gefüllte Pflaume legen: die Klößchen sollten zu gleichen Teilen aus Kartoffeln und aus Pflaumen bestehen.

Reichlich Salzwasser zum Kochen bringen und die Klößchen hineingeben; sobald diese an die Oberfläche steigen, müssen sie noch etwa fünfzehn Minuten garen.

Das Besondere dieses Gerichtes (typisch für die Gegend von Triest) ist, dass es als erster Gang mit in Butter angebräunten Semmelbröseln gegessen wird, als zweiter Gang zusammen mit Wildgerichten oder als Nachspeise mit zerlassener Butter, Zucker und Zimt (nach Belieben).

KARTOFFELKLÖSSCHEN MIT TOMATENSAUCE
◆

1 kg Kartoffeln, 200 g Weizenmehl, 500 g gehackte Dosentomaten, 1 Zwiebel, einige Salbeiblätter, Butter, Salz, Pfeffer.

Die Kartoffeln kochen, pellen, noch heiß durch die Kartoffelpresse drücken und auf die Arbeitsfläche geben.

Von Hand durcharbeiten, etwas Salz und soviel Mehl einarbeiten, dass eine Masse der richtigen Konsistenz entsteht (die Kartoffelklößchen werden weich, wenn man sie mit wenig Mehl und der passenden Sorte, d. h. mehlig kochenden Kartoffeln zubereitet).

Aus dem Teig fingerdicke Rollen formen, in kleine Stücke schneiden und sie mit dem Zeigefinger über die Rückseite einer Reibe drücken, damit sie die typische Form annehmen.

Für die Sauce einen Topf mit den Tomaten, der in Stücke geschnittenen Zwiebel, einem nussgroßen Stück Butter, Salz und Pfeffer aufsetzen. Auf mittlerer Flamme 15 Minuten köcheln, vom Herd nehmen und die Zwiebel entfernen. In einem großen Topf ausreichend Salzwasser zum Kochen bringen und nacheinander die Kartoffelklößchen hineingeben.

Sobald diese nach oben steigen, mit ei-

FISCHFOND

250 g verschiedene Fischabfälle oder gemischter, nicht teurer Fisch, 1 Zwiebel, 1 Möhre, 1 Stange Staudensellerie, Lorbeer, Salbei, Thymian, Wacholderbeere, 1 dicke Scheibe Zitrone, 1 Schuss Weißwein, Salz, Pfefferkörner.

In einen Topf den Fisch mit 200 ml Wasser, der in Stücke geschnittenen Zwiebel, dem Sellerie und der kleingeschnittenen Möhre, den Gewürzen, einer Prise Salz, einigen Pfefferkörnern, der Zitrone und dem Wein geben. Alles auf mittlerer Flamme zum Kochen bringen; dabei regelmäßig den Schaum abschöpfen und 40 Minuten köcheln lassen. Die Brühe vor Gebrauch gut durchfiltern und eventuell den durchs Sieb passierten Fisch einrühren.

---

nem Schaumlöffel herausnehmen, abtropfen lassen, in die Teller füllen und mit der Tomatensauce begießen. Dazu geriebenen Parmesankäse reichen. Als Alternative in einem kleinen Topf den Salbei zusammen mit reichlich Butter anbräunen lassen und zu den Klößchen reichen.

FISCHKLÖSSCHEN
◆

600 g Kartoffeln, 300 g Seezungenfilet (oder anderer Fisch mit weichem Fleisch), 2 in Öl eingelegte Sardellenfilets, 400 g gehackte Dosentomaten, 1 Bund Kräuter (Salbei, Rosmarin, Majoran), 1 Schalotte, 1 Zwiebel, 1 Knoblauchzehe, 1 Esslöffel Olivenpaste, 1 Ei, etwa 150 g Weizenmehl, trockener Weißwein, Olivenöl extra vergine, Salz, Pfeffer.

Zwiebel und Knoblauch sehr fein hacken und in 2 Esslöffeln Öl dünsten, dann den in kleine Stücke geschnittenen Fisch dazugeben und für einige Minuten anbraten.

Mit Weißwein ablöschen und – wenn dieser fast eingekocht ist – salzen und pfeffern, wobei alles noch einige Minuten auf der heißen Flamme bleiben sollte.

Die Kartoffeln im Salzwasser kochen, noch heiß pellen und mit der Kartoffelpresse auf eine bemehlte Arbeitsfläche drücken.

In die Mitte eine Vertiefung drücken, darin ein Ei aufschlagen und den in der Zwischenzeit pürierten Fisch geben, dann alles verkneten, wobei das Mehl (nach und nach) hinzugefügt wird, bis ein homogener Teig der richtigen Konsistenz entsteht.

Den Teig warm halten und die Sauce für die Klößchen zubereiten. In einem Topf die feingehackte Schalotte in einigen Esslöffeln Öl dünsten, danach die Sardellenfilets in der Sauce auflösen. Die Olivenpaste, die gehackten, geschälten Tomaten, Salz und Pfeffer einrühren; alles 5 Minuten kochen und kurz vor Ende der Kochzeit mit den gehackten Gewürzkräutern abschmecken.

Nun aus dem Teig die Klößchen zubereiten; diese schnell auf die Zinken einer Gabel oder auf die Innenseite einer Reibe drücken, wodurch sie ihre typische Form erhalten.

Immer nur wenige Klößchen auf einmal in reichlich kochendem Salzwasser garen; auf einem Schaumlöffel abtropfen lassen, sobald sie an die Oberfläche steigen, und mit der Tomaten-Sardellensauce begießen.

RICOTTAKLÖSSCHEN
◆

400 g frischer Ricotta (oder Quark), 300 g Weizenmehl, Semmelbrösel, 2 Eier, geriebener Parmesankäse, einige Salbeiblätter, Olivenöl extra vergine, Butter, Ingwer, Muskatnuss, Salz.

Zuerst den Ricotta in einer Schüssel mit einem Holzlöffel cremig rühren. Öl (3 oder 4 Esslöffel), das Ei, ein wenig Salz, 3 Esslöffel Parmesankäse, eine Prise frisch geriebenen Ingwer und eine Prise Muskatnuss zugeben; zuletzt das Mehl und etwas Semmelbrösel einrühren, so dass die Masse ausreichend fest wird.

Alles sorgfältig verrühren und eine halbe Stunde im Kühlschrank ruhenlassen; aus dem Teig lange Röllchen formen und in Stückchen schneiden.

In kochendem Salzwasser garen, mit einem Schaumlöffel herausnehmen und abtropfen lassen.

Zerlassene Salbeibutter und reichlich Parmesankäse darübergeben und servieren.

GRIESSKLÖSSCHEN
◆

250 g Grieß, 1 l Milch, 2 Eier, 150 g Butter, 100 g Parmesankäse, einige Salbeiblätter, Muskatnuss, Salz.

Die Milch mit einem 1/2 l Wasser und einer Prise Salz aufsetzen. Sobald sie zu kochen anfängt, den Grieß mit einem Schneebesen einrühren, so dass sich keine Klümpchen bilden. Nach etwa 10 Minuten vom Herd nehmen und etwas abkühlen lassen. Die Eigelbe, eine Prise Muskatnuss und ein wenig Parmesankäse zu dem Grieß geben; dabei gut umrühren. Die Masse auf eine Arbeitsfläche – möglichst aus Marmor – gießen, mit einem Spatel ca. 1 cm hoch ausstreichen und ganz abkühlen lassen.

Mit einer dafür geeigneten Form oder einem Glas, dessen Ränder mit Wasser befeuchtet wurden, kleine Scheiben ausstechen (oder die Masse in Rauten schneiden) und diese in eine gebutterte Auflaufform dachziegelartig schichten.

Mit reichlich Parmesankäse bestreuen, einige Butterflöckchen und Salbei daraufgeben und im vorgeheizten Ofen (200 °C) ca. 15 Minuten überbacken.

KÜRBISKLÖSSCHEN
◆

1,5 kg süßer, gelber Kürbis, 250 g Weizenmehl, 2 Eier, 150 g geriebener Parmesankäse, 100 g Butter, Ingwer, Salz, Chili.

Zuerst den Kürbis schälen und die Kerne entfernen und in kochendem Wasser oder über Dampf garen. Sobald er gar ist, abgießen, ausdrücken und mit Mehl, Eiern, einer Prise Salz, einer Prise Chilipulver und dem frisch geriebenen Ingwer in eine Schüssel geben.

Die Zutaten sorgfältig vermengen, kleine Röllchen formen und in kleine Stückchen schneiden. In leicht gesalzenem Wasser kochen und, sobald sie an die Oberfläche steigen, abtropfen lassen (es wird empfohlen die Klößchen portionsweise zu kochen und dann mit einem Schaumlöffel aus dem Topf zu nehmen). Zum Schluss zerlassene Butter und Parmesankäse darüber geben.

ÜBERBACKENE KLÖSSCHEN
◆

1 kg Kartoffeln, 3 Eier, 1 Tasse Béchamelsauce (siehe S. 141), 4 Esslöffel Sahne, geriebener Parmesankäse, 80 g Butter, Salz.

Zuerst die Kartoffeln kochen und dabei darauf achten, dass sie für die Zubereitung von Kartoffelklößchen geeignet sind. Dann pellen, noch warm durch die Kartoffelpresse drücken, Salz, 2 Eier, 50 g Butter und 3 Esslöffel geriebenen Käse sorgfältig unterrühren.

Die Masse in einer Schicht von 1 cm auf eine gefettete Arbeitsfläche streichen, abkühlen lassen, dann mit einer dafür vorgesehenen Form oder mit einem Glas mit befeuchtetem Rand kleine Scheiben ausstechen.

Nach Zubereitung der Béchamelsauce gemäß der Anleitung eine Auflaufform einfetten und die Klößchen schichtweise hineinlegen; dabei immer mit einer Schicht Béchamelsauce und geriebenem Parmesankäse abwechseln.

Zum Schluss im vorgeheizten Ofen ca. 10 Minuten überbacken.

LANGAROLI

Für den Teig: Grundrezept siehe S. 138.
Für die Füllung: 100 g gekochtes Rindfleisch, 50 g gekochter Reis, 50 g Wirsing, 50 g gereifter, geriebener Toma d'Alba, 2 Eier, Muskatnuss, Butter, Salz, Pfeffer.
Für die Sauce: 150 g gehackte Kalbskeule, 2 reife, feste Tomaten, 1 Stange Lauch, 1 Zweig Rosmarin, geriebener Parmesankäse, Olivenöl extra vergine, Salz, Pfeffer.

Die Wirsingblätter waschen und abtrocknen, in Streifen schneiden und in der Butter dünsten. Das gekochte und gehackte Fleisch zugeben, salzen, pfeffern, mit Muskatnuss abschmecken und einige Minuten anbraten. Vom Herd nehmen und das Fleisch abkühlen lassen, danach die Eier, den gekochten Reis und den geriebenen Käse einrühren. Alles gut vermengen, dann die Füllung mit einem Teelöffel in kleinen Portionen auf einer Teigplatte verteilen. Mit einer zweiten Teigplatte abdecken und mit den Fingern um die Füllung herum andrücken. Mit dem Messer die Nudeln in Quadrate von ca. 3,5 cm Seitenlänge ausschneiden, den Rand der Langaroli mit Daumen und Zeigefinger andrücken, leicht rund formen und gut schließen. In einem Topf den feingeschnittenen Lauch und den Rosmarin in etwas Öl dünsten, das Kalbshack zugeben und einige Minuten leicht anbraten. Die Tomaten kurz in kochendes Wasser geben, schälen, entkernen, kleinschneiden und in die Sauce geben, salzen, pfeffern und auf mittlerer Flamme einkochen lassen. Die Langaroli in reichlich Salzwasser kochen und in eine Schüssel geben. Mit der Fleischsauce übergießen, mit geriebenem Parmesankäse bestreuen und servieren.

RAVIOLI

♦

Für den Teig: *Grundrezept siehe S. 138.*

Es gibt verschiedene Ravioli-Versionen, sowohl was die Form als auch die Füllung betrifft. Für die Formen kann von Mal zu Mal der entsprechende Teig-Ausstecher verwendet werden. Was die Füllung angeht, kann man zwischen vegetarischer Füllung oder Fleisch (für Tortellini oder Tortelloni) auswählen, oder unter den drei hier vorgestellten Varianten. Es muss aber immer zuerst der Teig gemäß der Anleitung des Grundrezeptes zubereitet werden.

Nach Zubereitung der Füllung den Teig hauchdünn ausrollen und auf eine Teighälfte die Füllung in kleinen Portionen in regelmäßigen Abständen verteilen.

Mit dem übrigen Teig die belegte Teigplatte bedecken und mit den entsprechenden Formen die Ravioli ausstechen. Streicht man etwas Eiweiß zwischen die einzelnen Häufchen, kleben die Teigtaschen beim Schließen besser zusammen. Dann die Ravioli für einen Tag an einem kühlen Ort ruhenlassen; zum Schluss in Salzwasser kochen.

Nach dem Abgießen nach Belieben mit zerlassener Butter und Parmesankäse oder mit einer leichten Tomatensauce verrühren.

MIT PILZFÜLLUNG

♦

250 g frischer Ricotta (oder Quark), 250 g frische Pilze, 1 Knoblauchzehe, 1 Bund Petersilie, geriebener Parmesankäse, Olivenöl extra vergine, Salz, Pfeffer.

Die Pilze putzen und Erdreste mit einem feuchten Tuch entfernen, in Scheiben schneiden, in etwas Öl und mit einer zerdrückten Knoblauchzehe dünsten. Kurz vor Ende der Kochzeit mit Salz, Pfeffer und feingehackter Petersilie abschmecken. Den Knoblauch entfernen, die Pilze sehr fein hacken und alles mit dem Ricotta, der vorher mit einer Gabel cremig gerührt wurde, sowie mit dem geriebenen Parmesankäse vermengen.

MIT FISCHFÜLLUNG

♦

400 g gekochter Fisch, 2 Eier, einige Salbeiblätter, 1 Esslöffel gehackte Pistazienkerne, 120 g geriebener Parmesankäse, Butter oder Olivenöl extra vergine, Muskatnuss, Salz.

Das Fischfilet von Haut und Gräten befreien, kleinschneiden, in eine Schüssel geben und mit dem geriebenen Parmesankäse, Eiern, Salz, den Pistazienkernen und einer Prise Muskatnuss vermengen. Es können jedes Mal andere Fischsorten (Forelle, Stör usw.) verwendet werden; man kann diese mit verschiedenen Gewürzen abschmecken und Sahne oder ein wenig Tomate für die Sauce verwenden.

MIT ARTISCHOCKENFÜLLUNG

♦

5 Artischocken, 1/2 Zwiebel, 1/2 Knoblauchzehe, 1 Bund Petersilie, 1 Zitrone, 80 g Ricotta (oder Quark), 3 Esslöffel geriebener Parmesankäse, 2 Eier, Salz.

Die Artischocken putzen, dazu Teil des Strunks, die Spitzen und die holzigen äußeren Blätter abschneiden. Die Artischocken achteln und eine halbe Stunde in Zitronenwasser legen. Knoblauch und Zwiebel feinhacken und in Öl dünsten, die feingeschnittenen Artischocken zugeben, auf mittlerer Flamme ca. 30-40 Minuten garen und ab und zu etwas warmes Wasser zugießen. Kurz vor Ende der Kochzeit salzen, pfeffern und mit der gehackten Petersilie abschmecken. Die Artischocken etwas abkühlen lassen, sorgfältig hacken und mit dem Ricotta vermengen, der zuvor mit den Eiern, dem geriebenen Parmesankäse und einer Prise Salz vermischt wurde.

RAVIOLI MIT DRACHENKOPF
◆

Für den Teig: *Grundrezept siehe S. 138.*
Für die Füllung: *400 g geputzter Drachenkopf, 1 Bund Kräuter, 1 Eigelb, 1 Knoblauchzehe, 1 Zitrone, 1 Esslöffel Mascarpone, Olivenöl extra vergine, Salz, Pfeffer.*

Den zerdrückten Knoblauch in reichlich Öl anbräunen; sobald er leicht Farbe annimmt, den Fisch zugeben und mit einer Prise Salz und ein wenig abgeriebener Zitronenschale abschmecken. Einige Minuten durchziehen lassen und dann vom Herd nehmen. Den Fisch zerkleinern und sorgfältig mit Mascarpone, gehackten Kräutern, Eigelb, Salz und Pfeffer verrühren. Den Ravioliteig vorbereiten. Die Teigplatten dünn ausrollen und mit der entsprechenden Form oder dem Teigrädchen Quadrate von 5x5 cm Seitenlänge ausschneiden, darauf jeweils ein Häufchen der Füllung setzen, mit einem anderen Teigplättchen abdecken und zusammendrücken, wodurch sie ihre typische Form erhalten. Die Ravioli in reichlich Salzwasser oder Brühe (Gemüse- oder Fischbrühe) bissfest kochen und abgießen. Vor dem Servieren mit etwas Schnittlauch in zerlassener Butter wenden.

RAVIOLI MIT SEEZUNGE
◆

Für den Teig: *Grundrezept siehe S. 138.*
Für die Füllung: *200 g Seezungenfilet, Butter, 150 g Borretsch, 50 g Ricotta (oder Quark), 2 Eier, geriebener Parmesankäse, Salz, Pfeffer.*
Für die Sauce: *150 g ausgelöste Venusmuscheln, 1 Knoblauchzehe, 1 Bund Petersilie, 1 Tasse Tomatensauce.*

Den Borretsch in kochendem Salzwasser blanchieren, abgießen, ausdrücken und hacken. Die Seezunge in Butter leicht anbräunen, danach mit einer Gabel zerkleinern. Gemüse und Fisch in eine Schüssel füllen, Eier, Ricotta, eine Prise Salz, eine Prise Pfeffer und eine Handvoll geriebenen Parmesankäse zugeben und alles sorgfältig mit einem Holzlöffel verrühren. Die Füllung in kleinen Portionen regelmäßig auf der Hälfte der Teigplatte verteilen, diese zusammenklappen und mit den Fingern die Ränder um die Füllung fest andrücken. Mit einem Teigrädchen die Nudeln in Quadrate von ca. 2,5 cm Seitenlänge schneiden.

Die Venusmuscheln säubern; dazu müssen diese für mindestens eine halbe Stunde in Wasser und Salz gelegt werden. Danach auf lebendiger Flamme in eine geschlossene Pfanne geben, bis sie sich öffnen. Das Muschelfleisch auslösen, den Sud durchfiltern und beiseite stellen. Die Petersilie und den Knoblauch feinhacken und leicht in Öl anbräunen, zusammen mit der Tomatensauce und dem Muschelsud zu den Venusmuscheln geben und etwas einkochen lassen. Die Ravioli in reichlich Salzwasser garen, abgießen und in eine Schüssel füllen. Mit der Muschelsauce begießen und servieren.

RAVIOLI MIT SPARGEL

Für den Teig: *Grundrezept siehe S. 138.*
Für die Füllung: *250 g Spargelspitzen, 100 g frischer Ricotta (oder Quark), 100 g geriebener Parmesankäse, 1 Ei, Salz, Pfeffer.*
Für die Sauce: *40 g Butter, 1 Zweig Rosmarin, geriebener Parmesankäse.*

Die Spargelspitzen dampfgaren und 20 Spargelspitzen für die Sauce zur Seite legen. Die anderen kleinhacken und in einer Schüssel mit Ricotta, Parmesankäse und Ei vermengen, mit Salz und Pfeffer abschmecken. Sorgfältig verrühren und mit einem Esslöffel die Füllung in Häufchen auf der Hälfte der Teigplatte verteilen, diese zusammenklappen und mit den Fingern die Ränder um die Füllung fest andrücken. Die Nudeln in Quadrate von ca. 4 cm Seitenlänge schneiden.
Die Butter in einem kleinen Topf zerlassen und anbräunen, den Rosmarin darin dünsten; in einem anderen Topf die zur Seite gelegten 20 Spargelspitzen in etwas Butter dünsten.

Die Ravioli in reichlich Salzwasser garen, abgießen und in eine Schüssel füllen. Mit der zerlassenen Butter übergießen, die Spargelspitzen darübergeben, mit dem geriebenen Parmesankäse bestreuen und servieren.

RAVIOLI MIT JAKOBSMUSCHELN
◆

Für den Teig: *Grundrezept siehe S. 138.*
Für die Füllung: *30 Jakobsmuscheln, 2 Eier, 50 g Ricotta (oder Quark), Salz, Pfeffer.*
Für die Sauce: *1 Schöpfkelle Tomatensauce, 1 Bund Petersilie, einige Basilikumblätter, 1 Knoblauchzehe, Olivenöl extra vergine, Salz.*

Die Muscheln unter fließendem Wasser säubern, in einen Topf geben, zudecken und auf große Flamme stellen, bis sie sich öffnen. Den Muschelsud durchfiltern und zur Seite stellen. Das Muschelfleisch auslösen, die nicht essbaren Teile entfernen, die Nuss und die Koralle kleinschneiden und in einer Schüssel mit Ricotta, Eiern, Salz und Pfeffer vermengen. Mit einem Löffel die Masse gleichmäßig in Häufchen auf der Hälfte der Teigplatte verteilen, diese zuklappen und mit den Fingern die Ränder um die Füllung fest andrücken. Die Nudeln in Quadrate von ca. 4 cm Seitenlänge schneiden. Den Knoblauch leicht in Öl anbräunen, die Tomatensauce sowie den Muschelsud zugeben, salzen und einkochen lassen.
Die Ravioli in reichlich Salzwasser kochen, sehr sorgfältig abgießen und in eine Schüssel füllen. Mit der Sauce begießen, mit einem Teelöffel gehacktem Basilikum und Petersilie garnieren und servieren.

RAVIOLONI MIT ZUCCHINI

Für den Teig: Grundrezept siehe S. 138.
Für die Füllung: 200 g Zucchini, 150 g frischer Ricotta (oder Quark), Butter, geriebener Parmesankäse, Muskatnuss, Salz, Pfeffer.
Für die Sauce: 4 reife, feste Tomaten, einige Basilikumblätter, 1 Stange Lauch, einige Salbeiblätter, 40 g Butter, Olivenöl extra vergine, geriebener Parmesankäse, Salz, Pfeffer.

Die Zucchini waschen, in feine Scheiben schneiden, in etwas Butter dünsten und mit Salz und Muskatnuss abschmecken. Durchs Sieb streichen und mit dem Ricotta und einer Handvoll geriebenem Parmesankäse vermengen. Die Füllung in nussgroßen Portionen auf der Hälfte der Teigplatte verteilen, diese zusammenklappen und mit den Fingern die Ränder um die Füllung fest andrücken; mit einem Teigrädchen Quadrate von ca. 4 cm Seitenlänge ausschneiden.
Den feingeschnittenen Lauch leicht in Öl dünsten. Die Tomaten in kochendem Wasser blanchieren und schälen, entkernen, kleinschneiden und mit einer Prise Salz zu dem Lauch geben. Alles einkochen lassen und in der Zwischenzeit einige Salbeiblätter in der Butter anbraten.
Die Ravioloni in reichlich Salzwasser kochen, abgießen und in eine Schüssel füllen; die zerlassene Butter und die Tomatensauce zugeben und gut verrühren. Mit gehacktem Basilikum garnieren, mit geriebenem Parmesankäse bestreuen und servieren.

ROULADE MIT HALLIMASCHPILZEN

◆

600 g Kartoffeln, 250 g Hallimaschpilze, 200 g Weizenmehl, 100 g dünn geschnittener Fontina-Käse, 1 Knoblauchzehe, 1 Ei, 1 Glas Brühe, geriebener Parmesankäse, 150 g Butter, Salz, Pfeffer.

Die Kartoffeln garen und in der Zwischenzeit die Pilze mit einem feuchten Tuch putzen, um alle Erdreste zu entfernen.
In Scheiben schneiden und in einer Pfanne in 40 g Butter und dem zerdrückten Knoblauch dünsten.
Die heiße Brühe zugießen, pfeffern und noch ca. 10 Minuten köcheln lassen.
Die Kartoffeln pellen und durch die Kartoffelpresse auf eine Arbeitsfläche drücken.
Das Mehl darübersieben, das Ei und eine Prise Salz dazu geben und alles sorgfältig vermengen, so dass ein glatter, fester Teig entsteht.
Den Teig rechteckig einen Zentimeter hoch ausrollen und mit den Käsescheiben und der Pilzsauce belegen.
Aufrollen und fest in ein Tuch wickeln, das an den Enden zusammengebunden wird. In einem Topf reichlich Salzwasser zum Kochen bringen und die Roulade hineingeben; ca. eine halbe Stunde kochen lassen, herausnehmen, das Tuch öffnen und die Roulade auf einem Servierteller anrichten.
In Scheiben schneiden, dann mit der restlichen zerlassenen Butter übergießen, mit Parmesankäse bestreuen und servieren.

RAVIOLONI MIT WILD

📷

Für den Teig: Grundrezept siehe S. 138.
Für die Füllung: 2 Rebhühner, 2 Scheiben geräucherter Bauchspeck, 50 g schwarze Trüffel, 200 g Blattspinat, geriebener Parmesankäse, 1 Ei, Olivenöl extra vergine, 1 Glas trockener Weißwein, 1 Zweig Rosmarin.
Für die Sauce: 40 g Butter, 1 Knoblauchzehe, einige Salbeiblätter, geriebener Parmesankäse.

Die Rebhühner rupfen und absengen, ausnehmen, sorgfältig waschen und abtrocknen. Mit Speck und Rosmarin umwickeln, in Öl anbraten und mit Weißwein besprengen.
Sobald der Wein eingekocht ist, auf niedrige Flamme stellen und fertigkochen; dabei den Bratenfond – wenn notwendig – mit etwas warmem Wasser verdünnen. Nach 1 Stunde Kochzeit die Rebhühner vom Herd nehmen, entbeinen und das Fleisch kleinhacken. In wenig kochendem Salzwasser den Blattspinat blanchieren, abgießen, ausdrücken und hacken.
In einer Schüssel Fleisch, Spinat, Ei, reichlich geriebenen Parmesankäse und die gehobelte Trüffel (vorher gesäubert) vermengen und mit Salz und Pfeffer abschmecken. Mit einem Löffel die Füllung regelmäßig auf der Hälfte der Teigplatte verteilen, diese zuklappen und mit den Fingern die Ränder um die Füllung fest andrücken; mit einem Teigrädchen Quadrate von ca. 4 cm Seitenlänge ausschneiden. Die Butter zerlassen und mit einer Knoblauchzehe und einem Zweig Rosmarin anbräunen.
Die Ravioloni in reichlich Salzwasser kochen, abgießen und in eine Schüssel füllen. Knoblauch und Rosmarin aus der Butter nehmen und diese über die Ravioloni gießen. Mit reichlich geriebenem Parmesankäse bestreuen und servieren.

STROZZAPRETI MIT OCHSENMARK

◆

Für den Teig: 200 g Weizenmehl, 200 g Vollkornmehl, 2 Eier, 300 g Blattspinat, Salz.
Für die Sauce: 150 g gehackte Kalbskeule, 80 g Ochsenmark, 1 kleine Zwiebel, 1 Stange Staudensellerie, 1/2 Möhre, 1 Zweig Rosmarin, 2 Lorbeerblätter, 1 Tasse passierte Tomaten, 1 Glas Gemüsebrühe, 1 Glas trockener Weißwein, geriebener Parmesankäse, Olivenöl extra vergine, Salz, Pfeffer.

Das Mehl auf eine Arbeitsfläche häufen und eine Vertiefung eindrücken.
Darin die Eier aufschlagen, eine Prise Salz und den in wenig Salzwasser blanchierten, gut ausgedrückten und pürierten Spinat zugeben.
Gut und ausreichend lange mit den Händen verkneten, bis ein glatter, elastischer Teig entsteht. Diesen mit einem feuchten Tuch 15 Minuten abdecken. Erneut durchkneten, mit bemehlten Händen walnussgroße Stücke abtrennen und zu länglichen Klößchen formen.
Möhre, Staudensellerie und Rosmarin feinhacken und mit Lorbeer, einer Prise Salz und einer Prise Pfeffer in etwas Öl dünsten.
Das Kalbshack und das Ochsenmark zufügen, einige Minuten anbraten, mit dem Weißwein ablöschen und einkochen lassen. Die Flamme niedrigstellen, die passierten Tomaten einrühren und auf niedriger Flamme kochen, dabei ab und zu etwas heiße Gemüsebrühe zugießen.

Die Strozzapreti in reichlich Salzwasser garen, abgießen, mit der Sauce in eine Schüssel füllen und gut vermengen. Ausreichend geriebenen Parmesankäse darüberstreuen und servieren.

SPINATROULADE
◆

Für den Teig: *250 g Weizenmehl, 2 Eier, 1 Esslöffel Olivenöl extra vergine, Salz.*
Für die Füllung: *600 g Blattspinat, 150 g frischer Ricotta (oder Quark), 100 g geriebener Parmesankäse, 1 Ei, Chili, Olivenöl extra vergine, Salz.*
Für die Sauce: *Tomatensauce, geriebener Parmesankäse.*

Den Spinat sorgfältig waschen, in wenig Salzwasser blanchieren oder dampfgaren und feinhacken. Den Ricotta mit einer Gabel cremig rühren und mit Spinat, dem geriebenen Parmesankäse und Ei vermengen. Salzen und mit einer Prise Chili abschmecken. Die Masse im Kühlschrank in einer zugedeckten Schüssel ruhenlassen. In der Zwischenzeit das Mehl aufhäufen und in die Mitte eine Vertiefung drücken; darin die Eier aufschlagen, wenig Wasser, das Öl und das Salz zufügen. Erst mit den Fingern vermengen und dann mit der ganzen Hand verkneten, so dass ein glatter, elastischer und weicher Teig entsteht. Den Teig mit einem bemehlten Nudelholz hauchdünn zu einem großen Rechteck ausrollen, die Füllung daraufstreichen und aufrollen, wobei die beiden Enden gut geschlossen sein müssen. Die Roulade in ein Tuch wickeln, die beiden Enden gut zusammenbinden und ca. 1 Stunde in reichlich Salzwasser garen. Mit der Tomatensauce begießen, mit dem geriebenen Parmesankäse bestreuen und servieren.

STRANGOLAPRETI

300 g Blattspinat, 2 altbackene Brötchen, Milch, 2 Eier, 2 Esslöffel Weizenmehl, einige Salbeiblätter, geriebener Parmesankäse, Butter, Salz.

Strangolapreti, ein typisches Gericht aus Südtirol, können auch mit Brennnesseln, Mangold oder wildem Spinat zubereitet werden.
Den Spinat sorgfältig verlesen, waschen und dampfgaren oder in wenig Salzwasser blanchieren, abgießen, ausdrücken und feinhacken. In der Zwischenzeit das Brot in kleine Stücke brechen und in etwas Milch einweichen; danach die Eier, das Mehl und ein wenig Salz zugeben und gut vermengen. Den Spinat einrühren und aus der Masse walnussgroße Klößchen formen. In einem großen Topf Salzwasser zum Kochen bringen und die Klößchen darin garen, bis sie an die Oberfläche steigen. Es empfiehlt sich, die Klößchen portionsweise zu garen, um zu vermeiden, dass sie zusammenkleben. Sorgfältig abgießen, mit Käse bestreuen und mit der zerlassenen Salbeibutter begießen.

TORTELLINI MIT AUBERGINEN
◆

Für den Teig: *Grundrezept siehe S. 138.*
Für die Füllung: *200 g Auberginen, 300 g Ricotta (oder Quark), einige Walnusskerne, einige Salbeiblätter, 1 Bund Petersilie, geriebener Parmesankäse, Olivenöl extra vergine, Salz.*
Für die Sauce: *Tomatensauce, geriebener Parmesankäse.*

Den Teig gemäß der Anleitung zubereiten. Die Auberginen in Scheiben

schneiden, grobes Salz darüberstreuen und mindestens eine halbe Stunde ruhenlassen, damit die bittere Flüssigkeit austritt. Abtrocknen, in eine mit Öl ausgestrichene Form legen und von beiden Seiten im Ofen backen. Die Form aus dem Ofen nehmen, abkühlen lassen und die Auberginen mit dem Wiegemesser feinhacken, dann den Ricotta, die Walnusshälften, etwas Parmesankäse, eine Handvoll Petersilie und einige gehackte Salbeiblätter zugeben und vermengen.

Die Teigplatte in Rechtecke schneiden, auf denen die Füllung in Häufchen verteilt wird; zuklappen und Tortellini-Kringel formen. In reichlich Salzwasser oder Gemüsebrühe kochen, mit der Tomatensauce übergießen und mit geriebenem Parmesankäse bestreuen.

STRUGOLO MIT KARTOFFELN UND SPINAT

◆

1 kg Kartoffeln, 1 kg Blattspinat, 400 g Weizenmehl, 1 Ei, geriebener Grana-Käse oder Fleischsauce, Butter, Salz.

Zuerst die Kartoffeln waschen und in der Schale kochen. In der Zwischenzeit den Spinat waschen und in wenig Salzwasser blanchieren oder dampfgaren. Sobald sie gar sind, die Kartoffeln pellen und durch die Kartoffelpresse drücken. Mit Mehl, Ei und einer Prise Salz vermengen. Auf einem sauberen, nassen Tuch die Masse einen Zentimeter hoch verteilen. Mit dem blanchierten, in Butter geschwenkten Spinat bedecken, alles wie einen Strudel in einem sauberen Tuch aufrollen. Mit einem Küchenband zubinden und in reichlich Salzwasser ca. 1 Stunde kochen. Am Ende der Kochzeit den Strugolo aus dem Tuch nehmen und in Scheiben schneiden. Die Scheiben mit Fleischsauce begießen und mit geriebenem Grana-Käse bestreuen.

TORTELLI MIT KICHERERBSEN

◆

Für den Teig: Grundrezept siehe S. 138.
Für die Füllung: 150 g Kichererbsen, 1 Zwiebel, Olivenöl extra vergine, Salz.
Für die Sauce: Einige Salbeiblätter, geriebener Parmesankäse, Butter.

Den Teig gemäß der Anleitung zubereiten. Wenn getrocknete Kichererbsen verwendet werden, müssen diese erst über Nacht in kaltem Wasser einweichen. Die Kichererbsen in kochendem Wasser garen, abgießen und durch das Gemüsesieb passieren, so dass man ein Püree erhält. Die Zwiebel in Scheiben schneiden und in einem Topf mit wenig Öl dünsten. Das Kichererbsenpüree zugeben, salzen und durchziehen lassen; nach dem Abschalten des Herdes so viel Öl zufügen, bis eine weiche Masse entsteht. Den Nudelteig in Quadrate schneiden und darauf ein wenig von der Füllung geben; aus jedem Nudelquadrat einen Tortelli-Kringel formen und in reichlich Salzwasser kochen. Den kleingeschnittenen Salbei in reichlich Butter dünsten und über die abgegossenen Tortelli geben. Mit Parmesankäse bestreuen und servieren.

KÜRBISTORTELLI
◆

Für den Teig: Grundrezept siehe S. 138.
Für die Füllung: 1 kg gelber knorriger Kürbis, 100 g Amarettini, 150 g geriebener Parmesankäse, 1 Ei, Muskatnuss, Salz.
Für die Sauce: Butter, Salbei, geriebener Parmesankäse.

Den Kürbis schälen, die Kerne entfernen und im Ofen garen. Das Fruchtfleisch durchs Sieb streichen und mit Ei, zerbröckelten Amarettini und geriebenem Parmesankäse vermengen, mit Salz und Muskatnuss abschmecken. Den Teig hauchdünn ausrollen, in Quadrate schneiden und darauf etwas von der Kürbisfüllung geben.
Die Nudeln zusammenklappen und die Ränder fest zusammendrücken. Die Tortelli in reichlich Salzwasser kochen, abgießen, mit der zerlassenen Salbeibutter begießen und dem geriebenen Parmesankäse bestreuen.
In der Lombardei werden für die Füllung auch Senffrüchte aus Cremona (100 g) verwendet, die fein gehackt und in etwas eigenem Saft eingeweicht werden.

TORTELLINI MIT FLEISCHFÜLLUNG
◆

Für den Teig: Grundrezept siehe S. 138.
Für die Füllung: 100 g Hühnerbrust, 100 g Schweinelende, 100 g Kalbfleisch, 150 g roher Schinken, 1 dicke Scheibe Mortadella, 100 g geriebener Parmesankäse, 2 Eier, Butter, Muskatnuss, Salz, Pfeffer.

Das Fleisch kleinhacken, mit einem nussgroßen Stück Butter in einem Topf anbraten und danach mit dem kleingehackten Schinken und der Mortadella zusammen mit 2 Eiern, dem geriebenen Parmesankäse, einer Prise Muskatnuss, Salz und Pfeffer vermengen.
Den Teig nach der Anleitung zubereiten, hauchdünn ausrollen und in Quadrate von 4 oder 5 cm Seitenlänge schneiden (je geschickter Sie in der Zubereitung der Tortelli werden, desto kleiner können diese geformt werden) und darauf etwas von der Füllung setzen.
Dreieckig zusammenfalten, die Ränder fest zudrücken und die beiden Enden miteinander verkleben, wobei die oberste Spitze nach oben gebogen wird. Die Tortellini in Salzwasser oder – besser noch – in Fleischbrühe garen, abgießen, mit Fleischsauce oder nur zerlassener Salbeibutter übergießen und servieren.

GEMÜSETORTELLONI
◆

Für den Teig: Grundrezept siehe S. 138.
Für die Füllung: 350 g Mangold, 250 g Ricotta (oder Quark), Salz, Pfeffer.
Für die Sauce: Einige Salbeiblätter, geriebener Parmesankäse, Butter.

Den Teig gemäß der Anleitung zubereiten. Den Mangold waschen und in wenig Salzwasser blanchieren, feinhacken und mit dem Ricotta vermengen, der vorher mit einer Gabel cremig gerührt wurde; mit Salz und Pfeffer abschmecken.
Den Teig hauchdünn ausrollen. Auf der Hälfte des Teigs die Füllung in regelmäßigen Abständen in kleinen Portionen verteilen; mit der anderen Teighälfte bedecken, mit den entsprechenden For-

men die Tortelloni nach Belieben ausstechen und die Ränder um die Füllung fest andrücken.
Die Tortelloni in reichlich Salzwasser garen, abgießen, mit Salbeibutter übergießen und mit geriebenem Parmesankäse bestreuen.
Nach Belieben können die Gemüsetortelloni auch mit einer leichten Tomatensauce serviert werden.

Form oder mit einem am Rand befeuchteten Glas ausstechen. In der Zwischenzeit das Wasser zum Kochen bringen, die Tortelloni hereingeben und in kurzer Zeit garen.
Abgießen und in einem heißen Teller anrichten, mit zerlassener Butter übergießen, mit geriebenem Parmesankäse bestreuen und servieren.

KARTOFFELTORTELLONI
◆

Für den Teig: 500 g Weizenmehl, 200 g mehlige Kartoffeln, 3 Eier, Salz.
Für die Füllung: 400 g gemischter Käse (Ricotta, Gorgonzola, Emmentaler usw.)
Für die Sauce: Geriebener Parmesankäse, Butter.

Das Mehl mit den gekochten, gepellten, durch die Kartoffelpresse gedrückten Kartoffeln verkneten. Eier, eine Prise Salz und ein wenig warmes Kartoffelwasser einarbeiten. Auf einer Arbeitsfläche den Teig dünn ausrollen und in Streifen von ca. 10 cm schneiden.
Am unteren Teil eines jeden Streifens in regelmäßigen Abständen einen Esslöffel sehr fein gewürfelten Käse setzen, den Teig zusammenklappen, die Ränder fest andrücken und die Tortelloni mit einer entsprechenden

TORTELLONI MIT RICOTTA UND SPINAT

Für den Teig: Grundrezept siehe S. 138.
Für die Füllung: 300 g Blattspinat, 300 g Ricotta (oder Quark), 1 Bund Petersilie, 2 Eier, Muskatnuss, 50 g geriebener Parmesankäse, 120 g Butter, Salz, Pfeffer.
Für die Sauce: Einige Salbeiblätter, 100 g geriebener Parmesankäse, Butter.

Den Teig gemäß der Anleitung zubereiten.
Den Ricotta durch ein Sieb streichen, den Spinat blanchieren, gut ausdrücken und feinhacken.
Das Ganze mit den Eiern, der gehackten Petersilie und dem geriebenen Parmesankäse in eine Schüssel geben; Salz, Pfeffer und eine Prise Muskatnuss hinzufügen. Alles gut vermengen, bis eine homogene Masse entsteht. Den Teig ausrollen, Scheiben von ca. 8 cm Durchmesser ausschneiden und darauf jeweils etwas von der Füllung setzen; halbmondförmig zuklappen und die Ränder gut andrücken. In reichlich Salzwasser kochen und mit Salbeibutter begießen. Mit reichlich geriebenem Parmesankäse bestreuen und servieren.

Hausgemachte *Pasta*

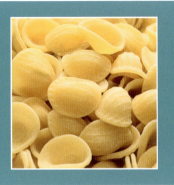

EINFÄRBEN VON FRISCHEN NUDELN

Zum Einfärben von frischen Nudeln kann unter folgenden Möglichkeiten ausgewählt werden:
- **Gelb:** dem Teig etwas Safran beigeben.
- **Orange:** nur zwei Eier verwenden und dem Teig 400 g gelben Kürbis zufügen. Den Kürbis zuvor schälen, die Kerne entfernen, dünsten und anschließend durch ein Sieb streichen. Ist das Kürbismus zu wässrig, auf kleiner Flamme einkochen.
- **Rot:** nur drei Eier verwenden und dem Teig drei Esslöffel in etwas Wasser aufgelöstem Tomatenmark zufügen.
- **Grün:** nur zwei Eier verwenden und 200 g gekochten, ausgedrückten und feingehackten Spinat zufügen.
- **Braun:** 50-60 g bitteren Kakao zufügen.
- **Schwarz:** nur drei Eier verwenden und den filtrierten Inhalt von zwei in etwas Weißwein aufgelösten Tintensäckchen zufügen.

NUDELN OHNE EIER

CAVATIEDDI

◆

200 g Weizenmehl Type 00, 100 g Grießmehl, Wasser, Salz.

Die Mehlsorten vermischen, auf eine bemehlte Arbeitsfläche häufen und mit etwas leicht gesalzenem, lauwarmem Wasser kneten.
Die Menge solange durcharbeiten, bis ein homogener und weicher Teig entsteht. Diesen Teig danach in 1/2 cm dicke Rollen aufteilen und in kleine Scheiben schneiden.
Die Scheiben mit einer runden Messerspitze so über den Arbeitstisch ziehen, dass sich kleine längliche Muscheln bilden.
Diese dann zum Trocknen auf ein bemehltes Küchentuch legen.

FETTUCCINE

◆

400 g Hartweizengrieß, 10 g Olivenöl extra vergine, Wasser, Salz.

Den Hartweizengrieß auf eine Arbeitsfläche häufen, eine Vertiefung eindrücken und eine Prise Salz, Öl und etwas lauwarmes Wasser hineingeben. Kräftig durchkneten, dabei nach und nach etwas lauwarmes Wasser zufügen. Eine halbe Stunde ruhen lassen. Den Teig so dünn wie möglich ausrollen, zugedeckt auf einem Holzbrett trocknen lassen und zum Schluss die ca. 1 cm breiten Fettuccine schneiden.

DAS KOCHEN FRISCHER NUDELN

Frische Nudeln müssen in viel Salzwasser gekocht werden. Normalerweise geht man davon aus, dass achtmal soviel Wasser wie Nudeln verwendet werden soll. Dem Wasser etwas Öl zugeben, damit die Nudeln nicht verkleben. Grundregel ist, dass die Nudeln in das sprudelnd kochende Wasser gegeben und anschließend mit einem Holzlöffel umgerührt werden, damit sie nicht am Topfboden festkleben oder Klumpen bilden.

Gefüllte Teigwaren hingegen kurz vor dem Kochen ins Wasser geben, um zu vermeiden, dass sich die Teigwaren öffnen und die Füllung verloren geht.

In dem Moment, in dem die Nudeln in das Wasser gegeben werden, wird das Kochen unterbrochen; um die Temperatur zu erhöhen, muss die Flamme sofort größer gestellt werden. Sobald das Wasser wieder kocht, die Flamme kleiner stellen. Der Topf mit den kochenden Nudeln darf nicht vollständig mit einem Deckel verschlossen werden, da das Wasser sonst überkocht. Die Kochzeiten hängen von den unterschiedlichen Nudelarten, der Teigdicke und den einzelnen Zutaten (Eier, Grieß, Mehl usw.) sowie von den eigenen Vorlieben ab. Wir empfehlen, die Nudeln bissfest abzugießen. Gefüllte Teigwaren erfordern besondere Sorgfalt beim Kochen. Bei zu langem Kochen oder zu großer Flamme können die Teigwaren zerfallen oder der Teig kann sich öffnen.

Besonders wichtig ist es auch, nicht zu kalkhaltiges Wasser zum Kochen zu verwenden. „Hartes" Wasser verschließt die Teigporen und führt zu einem ungleichmäßigen Garen. Mit einem Wasserenthärter an der Wasserleitung kann dieses Problem leicht gelöst werden.

MALLOREDDUS

◆

400 g Grießmehl, Weizenmehl nach Bedarf, 1 Prise Safran, Wasser, Salz.

Das Grießmehl zusammen mit einer Tasse Wasser, in der der Safran und das Salz aufgelöst wurden, auf einer bemehlten Arbeitsfläche durchkneten. Um einen weichen, gleichmäßigen Teig zu erhalten, kann etwas Weizenmehl beigegeben werden. Den Teig in 1/2 cm dicke Rollen aufteilen und jeweils 2 cm lange Stücke schneiden. Die Malloreddus von außen einritzen, wozu traditionsgemäß ein Gerät aus Binsen benutzt wird. Steht dieses Gerät nicht zur Verfügung, kann auch die Rückseite einer Reibe verwendet werden, so wie man es bei Gnocchi macht. Anschließend an einem nicht zu warmen Ort auf bemehlten Küchentüchern trocknen lassen.

ORECCHIETTE

◆

160 g Weizenmehl, 240 g Hartweizengrieß, Wasser, Salz.

Das Mehl mit dem Grieß auf einer Arbeitsfläche vermischen, etwas Salz und das benötigte Wasser zugeben.
Solange kneten, bis ein gleichmäßiger, elastischer Teig entsteht. Nach ca. 10 Minuten den Teig in kleine Portionen aufteilen, die in lange Rollen ausgerollt werden, die man wiederum in 1 cm lange Stücke schneidet.
Die einzelnen Stücke mit der Messerspitze über die mit Mehl bestäubte Arbeitsfläche ziehen, so dass sie eine Muschelform erhalten.
Diese Muscheln auf die Daumenspitze stecken und nach hinten biegen. Die so erhaltenen Orecchiette (kleinen Ohren) werden zum Trocknen auf ein leicht bemehltes Küchentuch gelegt.

PICI

◆

400 g Weizenmehl, Olivenöl extra vergine, Wasser, Salz.

Die Pici sind eine typische Art hausgemachter Spaghetti aus Siena.
Sie werden von Hand auf dem Nudelbrett gezogen und die geschicktesten Hausfrauen schaffen es, die Pici bis auf eine Länge von 2 m zu ziehen.
Das Mehl auf eine Arbeitsfläche häufen und eine Vertiefung eindrücken.
Das Öl, etwas Salz und Wasser in diese Vertiefung geben.
Den Teig kräftig durchkneten und wenn nötig, nach und nach etwas lauwarmes Wasser zufügen.
Wenn der Teig fest und homogen ist, einen Laib formen und mit Öl bestreichen.
Den Teig danach unter einem Küchentuch ca. eine halbe Stunde ruhen lassen.
Anschließend den Teig ca. 1,5 cm dick ausrollen und in

AUFBEWAHREN FRISCHER TEIGWAREN

Im Kühlschrank: Die ideale Aufbewahrungstemperatur für frische Nudeln und gefüllte Teigwaren liegt zwischen 3 und 4 °C. Die Teigwaren niemals mit Plastik abdecken, weil sie „atmen". Zum Aufbewahren Papier oder Lebensmittelkarton verwenden. Besser noch ist ein mit einem Baumwolltuch bedeckter Keramikteller.
Außerhalb des Kühlschranks: Wir raten davon ab, frische Teigwaren außerhalb des Kühlschranks aufzubewahren. Besonders die Füllung von Teigwaren könnte bei hohen Temperaturen oder starken Temperaturschwankungen schnell schlecht werden oder durch austretende Fette den Teig durchfeuchten.

3 mm breite Streifen schneiden. Die Streifen mit mehligen Händen rundrollen.

PISAREI

◆

300 g Weizenmehl, 100 g Semmelbrösel, Wasser, Salz.

Die Semmelbrösel kurz in wenig Wasser aufkochen.
Weizenmehl und Semmelbrösel mit einer Prise Salz und etwas Wasser auf der Arbeitsfläche vermischen.
Den Teig solange kneten, bis er fest, gleichmäßig und elastisch ist.
Den Teig aufteilen und dabei Röllchen mit einem Durchmesser von ungefähr einem halben Zentimeter formen.
Die Röllchen danach in ca. 1,5 cm lange Stücke schneiden.
Mit dem Daumen diese Stücke zur Muschelform drücken.

PIZZOCCHERI

250 g Buchweizenmehl, 150 g Weizenmehl, Wasser, Salz.

Das Mehl auf der Arbeitsfläche mit etwas Wasser und einer Prise Salz mischen.
Solange kneten, bis der Teig fest und elastisch ist.
Mit dem Wellholz den Teig bis auf eine Dicke von ca. 1,5 cm ausrollen und anschließend in 1 cm breite, ca. 7 cm lange Streifen schneiden.

SPAGHETTI ALLA CHITARRA

◆

400 g Weizenmehl, 2 Esslöffel Schmalz, Wasser, Salz.

Das Mehl mit etwas Schmalz, Salz und soviel Wasser verkneten, dass ein fester, elastischer Teig entsteht.
Lange durchkneten, in Stücke schneiden und mit dem entsprechenden Gerät soweit auswalzen, bis die Teigdicke dem Abstand zwischen zwei Saiten an einer Gitarre entspricht.
Steht das entsprechende Drahtgerät nicht zur Verfügung, an dem der Teig mit dem Wellholz ausgerollt und zu Spaghetti geschnitten wird, kann auch die Matrize der Nudelmaschine verwendet werden, die normalerweise für feine Bandnudeln dient.
Die Spaghetti auf einem bemehlten Küchentuch trocknen lassen.

TROFIE

◆

400 g Weizenmehl, Wasser, Salz.

Das Mehl auf der Arbeitsfläche mit einer Prise Salz und etwas Wasser vermischen.
Solange durchkneten, bis ein fester, gleichmäßiger, elastischer Teig entsteht.
Den Teig in bohnengroße Stücke teilen und kleine Stäbchen formen. Mit bemehlten Fingern diesen Stücken die typische Korkenzieherform geben.
Vor dem Kochen die Trofie 4 Stunden ruhen lassen.

EIERNUDELN

BIGOLI

◆

250 g *Weizenmehl, 150 g Grießmehl, 4 Eier, Wasser, Salz.*

Das Mehl auf der Arbeitsfläche vermischen, anhäufen und Eier sowie eine Prise Salz zugeben.
Ist der Teig zu trocken, noch etwas Wasser dazu einkneten.
Das Ganze gut durcharbeiten, bis ein gleichmäßiger, elastischer Teig entsteht.
Den Teig durch die Nudelmaschine drehen und einen Aufsatz mit 3 mm großen Löchern verwenden.
Die Bigoli mit einem Messer auf eine Länge von 20 cm abschneiden, auf ein Küchentuch legen und einige Stunden trocknen lassen.

FILATIEDDI

◆

400 g *Weizenmehl, 4 Eier, 1 Esslöffel Olivenöl extra vergine, Salz.*

Das Mehl häufen, eine Vertiefung eindrücken, die Eier hineingeben, eine Prise Salz und Olivenöl zufügen und mit einer Gabel vermengen.
Gut durchkneten, bis ein fester Teig entsteht.
Eine Kugel formen, in ein mit lauwarmem Wasser angefeuchtetes, gut ausgewrungenes Küchentuch wickeln und ca. 30 Minuten ruhen lassen.
Den Teig anschließend teilen, beide Hälften mit einem Wellholz ausrollen, kleine Quadrate ausschneiden und diese von Hand zu kleinen Röllchen formen. Die Röllchen einige Minuten auf einem Tablett ruhen lassen.

GARGANELLI

◆

250 g *Weizenmehl, 150 g Grießmehl, 2 Eier, 1 Eigelb, Salz.*

Die Mehlsorten auf der Arbeitsfläche vermischen, anhäufen, die beiden Eier, das Eigelb und eine Prise Salz zugeben.
Gut durchkneten, bis ein glatter, elastischer Teig entsteht.
Den Teig mit einem Wellholz ca. 1 mm dünn ausrollen, in Quadrate mit 6 cm Seitenlänge schneiden, diese auf einem bleistiftähnlichen Holzstück diagonal aufrollen und mit den Fingern zusammendrücken.
Anschließend die Garganelli mit einem geeigneten Instrument einritzen, abziehen und zum Trocknen beiseite legen.

CANNELLONI-TEIG

◆

500 g *Weizenmehl, 4 Eier, 1 Esslöffel Olivenöl extra vergine, Salz.*

Das Mehl auf die Arbeitsfläche geben und mit den Eiern, einer Prise Salz und dem Olivenöl vermischen.
Gut durchkneten, bis ein gleichmäßiger, elastischer Teig entsteht. 30 Minuten mit einem feuchten Küchentuch abdecken, danach erneut durchkneten und mit einem Wellholz ca. 1 mm dünne Teigplatten ausrollen.

Mit einem Messer Quadrate mit ca. 12 cm Seitenlänge ausschneiden.
Jeweils nur wenige Teigplatten gleichzeitig bissfest kochen und anschließend zum Trocknen auf ein feuchtes Küchentuch legen.

LASAGNE-TEIG
◆

500 g Weizenmehl, 4 Eier, 1 Esslöffel Olivenöl extra vergine, Salz.

Das Mehl auf die Arbeitsfläche geben und mit den Eiern, einer Prise Salz und dem Olivenöl vermischen. Gut durchkneten, bis ein glatter, elastischer Teig entsteht. 30 Minuten mit einem feuchten Küchentuch abdecken, danach erneut durchkneten und mit einem Wellholz ca. 1,5 mm dünne Teigplatten ausrollen. 15 Minuten ruhen lassen und mit einem Messer Quadrate mit ca. 10 cm Seitenlänge ausschneiden (die Seitenlänge kann je nach Wünsch verändert werden).
Vor dem Kochen mindestens 2 Stunden trocknen lassen. Jeweils nur wenige Lasagnestücke gleichzeitig bissfest kochen und anschließend einzeln zum Trocknen auf ein feuchtes Küchentuch legen.

TEIG FÜR FRISCHE, GEFÜLLTE TEIGWAREN
◆

400 g Weizenmehl, 4 Eier, 1 Esslöffel Olivenöl extra vergine, Salz.

Das Mehl auf die Arbeitsfläche geben und mit den Eiern, einer Prise Salz und dem Olivenöl vermischen. Gut durchkneten, bis ein gleichmäßiger, elastischer Teig entsteht.
30 Minuten mit einem feuchten Küchentuch abdecken, danach erneut durchkneten und mit einem Wellholz dünne Teigplatten ausrollen. Um gut arbeiten zu können, dürfen diese Teigplatten nicht austrocknen.

BANDNUDELN: TAGLIATELLE, TAGLIOLINI, FETTUCINE, PAPPARDELLE
◆

500 g Weizenmehl, 4 Eier, 1 Esslöffel Olivenöl extra vergine, 1 Handvoll Maismehl.

Das Mehl auf der Arbeitsfläche häufen und mit den Eiern, einer Prise Salz und dem Olivenöl vermischen.
Gut durchkneten, bis ein glatter, elastischer Teig entsteht. 30 Minuten mit einem feuchten Küchentuch abdecken, danach erneut durchkneten und mit einem Wellholz dünne Teigstücke ausrollen.
Mit Maismehl bestreuen und einige Minuten ruhen lassen. Die Teigstücke aufrollen und die Bandnudeln in der gewünschten Breite zuschneiden. Tagliatelle sind ca. 2 cm breit, Fettucine 1 cm, Tagliolini einige Millimeter und Pappardelle 3 oder 4 cm.

Saucen
und Tunken

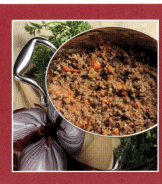

KNOBLAUCHBUTTER

◆

150 g Butter, 50 g Knoblauchzehen, einige Basilikumblätter.

Die Knoblauchzehen und die Basilikumblätter sehr fein hacken.
Die Gewürze mit der weichen Butter zu einer Creme vermengen, in Alufolie wickeln und im Kühlschrank hart werden lassen.
Sind die Knoblauchstücke zu groß, die Creme durch ein engmaschiges Sieb passieren und anschließend hart werden lassen.
Ein anderer Ratschlag, damit die Knoblauchstücke in der Butter nicht mehr zu sehen sind: Die Knoblauchzehen kurz in kochendes Wasser geben, so dass sie sehr weiß bleiben.
Geeignet für Nudeln und trockene Reisgerichte.

TRÜFFELBUTTER

◆

150 g Butter, 100 g weiße Trüffel, Salz.

Die Butter zu Creme verarbeiten und anschließend die gesäuberten, im Mörser zerstampften Trüffel zugeben.
Butter und Trüffel sorgfältig mit einem Stößel oder einem Holzlöffel vermischen und mit einer Prise Salz abschmecken. Die Butter in Alufolie wickeln und im Kühlschrank hart werden lassen. Bestens geeignet für Nudeln ohne Sauce.

BASILIKUMÖL

◆

1 l Olivenöl extra vergine, eine Handvoll Basilikumblütenstände, 10 Basilikumblätter.

Die Blütenstände des Basilikums am frühen Morgen pflücken, eventuellen Tau trocknen lassen und in einen luftdichten Behälter füllen. Das Öl zufügen und alles 3 Wochen an einem dunklen, kühlen Ort ziehen lassen.
Die Basilikumblätter zugeben und den Behälter erneut eine Woche an einem dunklen, kühlen Ort aufbewahren. Dann filtrieren und in kleine Flaschen umfüllen.
Das Basilikumöl schmeckt vorzüglich mit Nudelgerichten und Nudelsalaten.

KNOBLAUCHÖL

◆

1 l Olivenöl extra vergine, 6 große frische Knoblauchzehen oder 4 getrocknete Knoblauchzehen.

Die Haut von den Knoblauchzehen entfernen und leicht mit dem Messerrücken zerdrücken. Alles in einen luftdichten Behälter geben und mit Öl bedecken.
Den Behälter gut verschließen und 20 Tage lang an einem dunklen, kühlen Ort ziehen lassen. Dann filtern und zum Würzen von Nudelsalaten verwenden.

CHILIÖL

◆

1 l Olivenöl extra vergine, 3 oder 4 rote Chilischoten, 1 Lorbeerblatt.

Die kleingehackten Chilis und das Lorbeerblatt in einen luftdichten Behälter

geben und mit Öl bedecken.
Den Behälter gut verschließen, 1 Monat lang an einem dunklen, kühlen Ort ziehen lassen und anschließend filtern. Für schärferes Öl einfach länger ziehen lassen.
Soll das Öl weniger scharf sein, etwas frisches Olivenöl zufügen.
Das Chiliöl schmeckt vorzüglich mit Nudelsalaten.

BÉCHAMELSAUCE
◆

50 g Butter, 50 g Mehl, 1/2 l Milch, etwas Muskatnuss, Salz, Pfeffer.

Die richtige Zubereitung der Béchamelsauce ist eine der ersten Schwierigkeiten, die in der Küche zu überwinden sind.
Die Angst, eine klumpige und geschmacklose Flüssigkeit zu erhalten, wird nach und nach mit mehr Erfahrung und den gemachten Fehlern überwunden.
Meist reicht es aus, einige Male eine Béchamelsauce zuzubereiten und bald wird es auch Ihnen gelingen, eine homogene und geschmackvolle Sauce zuzubereiten, ohne die Zutaten abzuwiegen.
In einem Topf bei geringer Temperatur die Butter zerlassen und mit Hilfe eines Schneebesens gut das langsam eingestreute Mehl unterrühren.
Nun alles mit zuvor erwärmter, aber nicht kochender Milch verdünnen.

Die Milch nach und nach unter ständigem Rühren eingießen, damit sich keine Klümpchen bilden. Weiterrühren, bis die Sauce beginnt einzudicken, und sobald die ersten Kochblasen aufsteigen, noch weitere 10 Minuten unter Rühren kochen lassen.
Kurz vor dem Abschalten mit Salz, Pfeffer und einer Prise Muskatnuss abschmecken.
Um eine dickere Sauce zu erhalten, sind mehr Butter und Mehl (jedoch immer in gleichen Mengenverhältnissen) und gleich viel Milch zu verwenden, oder die Sauce kann durch längeres Kochen eingedickt werden.
Für eine besonders leichte Béchamelsauce die Milch durch eine Gemüse- oder Fischbrühe ersetzen, wenn sie für Fischgerichte verwendet werden soll.

PESTO NACH GENUESER ART
◆

Eine Handvoll Basilikumblätter, 1 Knoblauchzehe, 2 Esslöffel Pinienkerne, 1 Esslöffel geriebener Schafskäse, 1 Esslöffel geriebener Parmesankäse, Olivenöl extra vergine, Salz.

Die Basilikumblättchen waschen, abtrocknen und zusammen mit Knoblauch und Pinienkernen in einem Mörser verarbeiten (gegen die Wand drücken, nicht zerquetschen); danach den geriebenen Käse und eine Prise Salz zugeben.
Sobald eine homogene Masse entsteht,

Saucen und Tunken

wird ihr ausreichend Öl mit dem Stößel untergerührt, bis man eine nicht zu flüssige Sauce erhält. Beim Verrühren der Nudeln wird das Pesto mit etwas heißem Kochwasser aus dem Nudeltopf verlängert.
Die Sauce kann auch im Mixer zubereitet werden.
Bestens geeignet für alle Nudelarten, Reis, Kartoffelklößchen und Suppen. Die Basilikumsauce im Kühlschrank in einem fest verschlossenen Glasbehälter aufbewahren, nachdem sie mit einer Ölschicht bedeckt und kein Käse beigefügt wurde. Der Käse kommt erst dazu, wenn das Pesto gebraucht wird.

SALATSAUCE MIT RUCOLA UND PARMESANKÄSE
◆

5 Esslöffel Olivenöl extra vergine, 2 Esslöffel Zitronensaft, 1/2 Bund Rucola, 1 Knoblauchzehe, Parmesankäse, Salz, Pfeffer.

Das Öl sorgfältig mit dem Zitronensaft und dem Salz vermischen. Anschließend die zusammen mit dem Knoblauch feingehackte Rucola zugeben und mit etwas gemahlenem Pfeffer abschmecken.

Zum Schluss ein paar kleine, dünne Parmesanstücke in die Sauce geben. Vorsichtig vermischen, damit die Käsestücke nicht zerbrechen. Diese Sauce eignet sich für Nudeln ohne weitere Zutaten.

FLEISCHSAUCE MIT BALSAMICO-ESSIG
◆

400 g Kalbfleisch, 100 g Bauchspeck, 1 Handvoll getrockneter Pilze, 3 geschälte Tomaten, 2 Stangen Staudensellerie, 1 Zwiebel, 1 Möhre, 2 Lorbeerblätter, 1 Prise gemahlener Zimt, 50 g Butter, 2 Esslöffel Balsamico-Essig, Salz, Pfefferkörner.

Als Erstes die Selleriestangen, die Zwiebel und die Möhre säubern und kleinhacken. Alles in einen Topf geben und unter ständigem Rühren mit einem Holzlöffel in der Butter dünsten. Die Pilze waschen und in lauwarmem Wasser einweichen lassen.
Das Kalbfleisch in kleine Stücke schneiden. Ist das Gemüse ausreichend gedünstet, die Tomaten zugeben, mit einer Gabel zerdrücken, das Kalbfleisch zufügen und bei mäßiger Hitze einige Minuten anbraten.
Die gut abgetropften Pilze, Zimt und Lorbeerblätter unterrühren. Mit Salz, frisch gemahlenem Pfeffer und Essig abschmecken und ca. 1 Stunde bei kleiner Flamme kochen lassen. Hin und wieder umrühren.

SEEBARSCHSAUCE
◆

250 g Seebarsch, 200 g kleine, reife, feste Tomaten, 15 g frischer Dill, 1 Knoblauchzehe, 100 ml Sahne, trockener Weißwein, Olivenöl extra vergine, Salz.

Einige Esslöffel Öl mit dem feingehackten Knoblauch erhitzen, das kleingehackte Seebarschfleisch und den kleingeschnittenen Dill zugeben. Den Fisch gut anbraten, mit Weißwein ablöschen und einkochen lassen.

Die Tomaten kurz mit kochendem Wasser überbrühen, schälen, entkernen, kleinhacken und in die Sauce rühren. Etwas eindicken lassen, mit Sahne verlängern, salzen und so lange kochen, bis die Sauce die richtige Konsistenz erreicht.

ZACKENBARSCHSAUCE
◆

800 g Zackenbarsch in Scheiben, 400 g Tomatensauce, 1 kleine Zwiebel, 1 Möhre, 1/2 Stange Staudensellerie, 1 Knoblauchzehe, 1 Bund Petersilie, Basilikum, 1/2 Glas Wein, Olivenöl extra vergine, Salz, Chili.

Den Fisch von Haut und eventuellen Gräten säubern. Den Knoblauch und das kleingehackte Gemüse zusammen mit dem zerkleinerten Chili in einigen Esslöffeln Öl dünsten.

2 Scheiben Zackenbarsch zugeben, mit Wein begießen, einkochen lassen, den Fisch zerdrücken und mit der Sauce vermengen. Die Tomatensauce einrühren, salzen und zum Kochen bringen; etwa 20 Minuten kochen lassen. 10 Minuten vor Ende der Kochzeit den übrigen Fisch in die Sauce geben, die Fischscheiben häufig wenden und dann herausnehmen.

Die Sauce mit den bissfest gekochten Nudeln vermengen und mit etwas kleingehackter Petersilie und Basilikum bestreuen. Mit den zuvor entnommenen Fischscheiben garnieren und servieren.

TOMATENSAUCE
◆

800 g reife, feste Tomaten, 1 Bund Basilikum, 1/2 Teelöffel Zucker, Olivenöl extra vergine, Salz, roter Chili.

Hier jetzt die klassische, traditionelle Tomatensauce, die sogenannte Pummarola, die Sauce, die wohl am besten zu Nudeln passt.

Die Tomaten waschen, kurz mit kochendem Wasser überbrühen, damit sie leichter zu häuten sind, den grünen Stängel und die Samen entfernen und durch ein Gemüsesieb streichen. Sind die Tomaten sehr wässerig, vor dem Passieren eine viertel Stunde zum Abtropfen auf eine schräge Fläche legen.

Die passierten Tomaten 30 Minuten mit etwas Öl auf mittlerer Flamme eindicken lassen und mit Zucker (nimmt den Tomaten die Säure) und Salz abschmecken.

Kurz vor dem Abschalten mit etwas Chili und kleingehacktem Basilikum abschmecken.

Variante

800 g reife, feste Tomaten, 4 Knoblauchzehen, 1 Bund Petersilie, Oregano (nach Belieben), Olivenöl extra vergine, roter Chili, Salz.

Die Tomaten wie oben beschrieben zubereiten und passieren. In einem Topf den Knoblauch mit etwas

Öl andünsten, wobei der Knoblauch nicht anbrennen und das Öl nicht zu heiß werden darf, weil sonst die ersten eingerührten Tomaten anbrennen. Auf kleine Flamme stellen, die Tomaten zugeben (wer keinen ausgeprägten Knoblauchgeschmack möchte, kann jetzt den Knoblauch entfernen) und bei geschlossenem Topf kochen lassen. Nach ca. 20 Minuten mit Salz, Chili und kleingehackter Petersilie (nach Belieben auch mit etwas Oregano) abschmecken.

SPARGELSAUCE
◆

2 Bund Spargel, 1 Esslöffel Zitronensaft, 250 ml Milch, Muskatnuss, Öl, Salz, Pfeffer.

Den Spargel schälen, die Spargelspitzen und den zarten Teil des Spargels in kleine Stücke schneiden und in einigen Esslöffeln Öl dünsten.
Mit Salz, Pfeffer und etwas Muskatnuss abschmecken und 1/2 Glas heißes Wasser hinzugeben. Den Topf schließen und auf mäßiger Flamme ca. 15 Minuten köcheln.
Sobald das Wasser verdunstet ist, den Zitronensaft zugießen.
Den Spargel garen (er muss zart werden) und ab und zu etwas Milch nachgießen. Alles mixen und wieder aufwärmen.

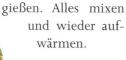

ARTISCHOCKENSAUCE
◆

7 Artischocken, 50 g in Salz eingelegte Kapern, 50 g schwarze Oliven, 2 Knoblauchzehen, Saft 1 Zitrone, 1 Bund Petersilie, Oregano, 3 Esslöffel Semmelbrösel, 1 Esslöffel Tamari, Olivenöl extra vergine, Salz, Pfeffer.

Den Stängel, die äußeren harten Blätter und die Spitzen von den Artischocken entfernen, in kleine Stücke schneiden und diese in gesalzenes Zitronenwasser legen. Abtropfen lassen und 10 Minuten in angesäuertem Salzwasser kochen. Abtropfen lassen und kleinhacken. In einem Topf die Semmelbrösel zusammen mit der kleingehackten Petersilie und Knoblauch in einigen Esslöffeln Öl rösten. Nach einigen Minuten die Artischocken, die entkernten Oliven, die gewaschenen, getrockneten Kapern, Tamari, ein Glas Wasser und etwas frisch gemahlenen Pfeffer zufügen.
Die Flamme kleiner stellen und ca. 30 Minuten im geschlossenen Topf kochen lassen. Ab und zu umrühren.
Am Ende der Kochzeit abschmecken, ob die Sauce ausreichend gesalzen ist (durch die Zugabe von Tamari müsste die Sauce bereits ausreichend salzig sein) und mit etwas Oregano würzen.

KÜRBISBLÜTENSAUCE
◆

12 Kürbisblüten, 1/2 Zwiebel, 1 Bund Petersilie, 1 Tüte Safran, 1 Ei, geriebener Schafskäse, Olivenöl extra vergine, Salz, Pfeffer.

Einige Esslöffel Öl in einer Pfanne erhitzen und die gehackten Kürbisblüten, Petersilie, Zwiebel, den in etwas Wasser aufgelösten Safran, Salz und Pfeffer

SEEIGELSAUCE

◆

30 Seeigel, 400 g reife, feste Tomaten, 1 Zwiebel, 2 Knoblauchzehen, 1 Bund Petersilie, Safran, Olivenöl extra vergine, Salz, Pfeffer.

Die Seeigel säubern und das Seeigelfleisch mit einem Teelöffel aus der Schale holen.
Die gehackte Zwiebel kräftig in Öl dünsten und anschließend die grob zerkleinerten Tomaten zufügen (die Tomaten vorher mit kochendem Wasser überbrühen, schälen und entkernen). Mit einer Schöpfkelle etwas warmes Wasser oder Brühe aufgießen, in der das Safranpulver aufgelöst wurde, salzen und pfeffern. 15 Minuten auf niedriger Flamme köcheln, anschließend das Seeigelfleisch, sehr fein gehackte Petersilie und Knoblauch zugeben. Abschalten, wenn die Tomaten gekocht sind; sollte die Sauce zu trocken sein, gegebenenfalls etwas warmes Wasser oder Brühe zugießen.

zugeben. Unter ständigem Rühren bei mittlerer Hitze ca. 15 Minuten kochen lassen, dann alles mixen oder durch ein Sieb streichen.
Die Creme wieder erhitzen, etwas Öl zufügen, vom Herd nehmen und das Eigelb zusammen mit einigen Esslöffeln geriebenem Schafskäse sorgfältig unterrühren.

PAPRIKASAUCE

◆

4 grüne und gelbe Paprikaschoten, 1 Knoblauchzehe, 1 Zwiebel, 1 Bund Basilikum, trockener Weißwein, Olivenöl extra vergine, Salz, Pfeffer.

Die Paprikas waschen, Stängel, Innenhäutchen und Samen entfernen und anschließend in kleine Würfel schneiden. Die kleingehackte Zwiebel in einem Topf glasig dünsten, die Paprikawürfel zugeben und unter ständigem Rühren mit einem Holzlöffel anbraten.
Mit etwas Weißwein ablöschen, einkochen, salzen, die Flamme kleinstellen und im geschlossenen Topf ca. 20 Minuten schmoren lassen.
Kurz vor dem Abschalten das kleingehackte Basilikum, den in dünne Scheiben geschnittenen Knoblauch, etwas frisch gemahlenen Pfeffer und einen Schuss frisches Olivenöl unterrühren.

SAUCE AUS 3 KÄSESORTEN

◆

100 g süßer Gorgonzola, 100 g Fontina, 100 g Gruyèrkäse, 1/2 Becher Sahne, Béchamelsauce (siehe S. 141), Butter, Pfeffer, Muskatnuss, Salz.

Eine dünnflüssige Béchamelsauce zubereiten und diese mit dem in kleine Würfel geschnittenen Käse, Sahne, einem nussgroßen Stück Butter, einer Prise Salz, frisch gemahlenem Pfeffer und ein wenig Muskatnuss verrühren. Solange erwärmen, bis eine flüssig cremige Sauce entsteht und anschließend abschalten. Bei Zugabe von etwas geriebenem Parmesankäse wird es eine Sauce aus 4 Käsesorten.

FISCHERSAUCE

◆

200 g Venusmuscheln, 200 g Miesmuscheln, 200 g große Garnelen, 8 Jakobsmuscheln, 3 reife, feste Tomaten, 1 Knoblauchzehe, 1 Bund Petersilie, Schnittlauch, 2 Esslöffel Olivenöl extra vergine, roter Chili, Salz.

Die Meeresfrüchte sorgfältig reinigen. Die Miesmuscheln und Venusmuscheln mindestens 1/2 Stunde in Salzwasser legen und anschließend auf großer Flamme solange kochen, bis sie sich öffnen. Das Muschelfleisch aus den Schalen lösen und den Sud filtern. Die Jakobsmuscheln öffnen und das Muschelfleisch heraustrennen.
Ungenießbare Teile entfernen und die Eier zur Seite legen.
Die Garnelen schälen. Den zerdrückten Knoblauch in etwas Öl anbräunen und die geschälten, entkernten, zerkleinerten Tomaten unterrühren.
Nach einigen Minuten Jakobsmuscheln, Miesmuscheln, Venusmuscheln und Garnelen in den Topf geben, alles mit dem Muschelsud anfeuchten, salzen und weitere 5-6 Minuten kochen.
Vor dem Abschalten mit kleingehacktem Schnittlauch und Petersilie bestreuen.
Die Nudeln vor dem Servieren in der Pfanne zusammen mit der Sauce gründlich vermengen und kurz erhitzen.

FORELLENSAUCE
(ODER SCHLEIENSAUCE)

◆

1 Forelle (oder Schleie) von 400 g, 200 g Tomatensauce, 1 kleine Zwiebel, 1 Knoblauchzehe, 1 Majoranzweig, 1 Bund Petersilie, Olivenöl extra vergine, Salz, roter Chili.

Die Forelle putzen und 10 Minuten in heißem Salzwasser kochen. Die Gräten entfernen und den Fisch in kleine Stücke zerlegen.
Die gehackte Zwiebel, Knoblauch, Majoran und etwas Chili in ein paar Esslöffeln Olivenöl dünsten, die Tomatensauce zugeben, salzen und auf kleiner Flamme einkochen lassen.
Die Forelle mit der Sauce vermengen und 15 Minuten kochen.
Kurz vor dem Abschalten mit etwas feingehackter Petersilie bestreuen.

SUGO ALLO SCOGLIO

◆

200 g Tellmuscheln, 200 g Miesmuscheln, 100 g Seeteufel, 100 g kleine Tintenfische, 100 g Sepien, 3 Scampi, 2 Garnelen, 1/2 Zwiebel, 3 Knoblauchzehen, Basilikum, Ingwer, 2 Gläser trockener Weißwein, Olivenöl extra vergine, Salz, Pfeffer.

Die kleingehackte Zwiebel und den Knoblauch in ausreichend Öl dünsten. Die Tellmuscheln und die Miesmuscheln durch kurzes Kochen öffnen und das Muschelfleisch herausnehmen.
Die gesäuberten Sepien, die kleingeschnittenen Tintenfische, das Seeteufelfleisch, die Tellmuscheln und die Miesmuscheln sowie zuletzt sowohl die Scampi und als auch die Garnelen zum Kochen bringen.
Nicht zu lange kochen, sondern nur kurz andünsten, bevor mit Wein abgelöscht und bei großer Flamme eingekocht wird. Salzen, die Flamme kleiner stellen und fertiggaren.
Vor dem Abschalten mit kleingehacktem Basilikum und frisch geriebenem Ingwer verrühren.

TOMATENSAUCE MIT OLIVEN

◆

500 g reife, feste Tomaten, 150 g schwarze und grüne Oliven, 2 Esslöffel in Salz eingelegte Kapern, 1 Knoblauchzehe, Oregano oder Basilikum, Olivenöl extra vergine, roter Chili, Salz.

Tomaten waschen, kurz mit kochendem Wasser überbrühen, um sie problemlos schälen zu können, den grünen Stängel und die Samen entfernen und kleinhacken. Die Knoblauchzehen in einem Topf mit etwas Öl andünsten und bevor der Knoblauch braun wird, die Tomaten, die entkernten, kleingeschnittenen grünen Oliven, die entkernten schwarzen Oliven und die unter fließendem Wasser vom Salz befreiten, getrockneten Kapern zugeben. Salzen und bei mäßiger Hitze kochen. Vor dem Abschalten Oregano (oder kleingehacktes Basilikum) sowie einen Schuss Öl zugeben.

AALSAUCE MIT ERBSEN

◆

200 g ausgenommener Aal, 200 g frische, entschotete Erbsen, 1 Zwiebel, 1 Tasse Tomatensauce, 1 Knoblauchzehe, 1 Lorbeerblatt, Olivenöl extra vergine, Salz.

Den Aal in kleine Stücke schneiden und mit der kleingeschnittenen Zwiebel in etwas Öl anbraten. Sobald alles eine gleichmäßige Farbe hat, die Tomaten und das Lorbeerblatt zugeben, kurz darauf auch die entschoteten Erbsen und den Knoblauch. Alles fertigkochen und zu Nudeln oder Polenta servieren.

SAUCE MIT KASTANIEN UND BRATWURST

◆

200 g Kastanienmehl, 200 g Bratwurst, 4 Eier, 1/4 l Sahne, Olivenöl extra vergine, Salz, Pfeffer.

Die Haut der Bratwurst entfernen, in einigen Esslöffeln Öl anbraten und dabei die Wurst gut zerkleinern, damit sie weich bleibt. Anschließend die mit dem Kastanienmehl vermischte Sahne einrühren. In einer lauwarmen Suppenschüssel das Eigelb mit einer Prise Salz und etwas Pfeffer vermengen.
Die gekochten Nudeln in die Suppenschüssel geben, gut umrühren und ebenfalls die inzwischen warme Sahne-Bratwurst-Sauce zufügen. Mit geriebenem Parmesankäse bestreuen.

BOHNENSAUCE

◆

250 g gekochte Borlotti-Bohnen, 50 g Speck oder Bauchspeck, 300 g gehackte Dosentomaten, 1 Möhre, 1/2 Zwiebel, 1/2 Stange Staudensellerie, 1 Knoblauchzehe, 1 Bund Petersilie, einige Basilikumblätter, Olivenöl extra vergine, Salz, Pfeffer.

Speck oder Bauchspeck zusammen mit Petersilie und Knoblauch kleinhacken und alles in einigen Esslöffeln Olivenöl anbraten. Die gehackte Zwiebel, Möhre und Sellerie zugeben und nach ca. 10 Minuten die Bohnen zufügen. Beim Anbraten vorsichtig umrühren. Die Tomaten, Salz und Pfeffer unterrühren, die Flamme kleiner stellen und alles bei geschlossenem Topf kochen lassen. Vor dem Abschalten die kleingehackten Basilikumblätter und etwas Petersilie hinzugeben.

SAUCE MIT ARTISCHOCKEN, PILZEN UND RICOTTA
◆

250 g frischer Ricotta (oder Quark), 4 Artischocken, 200 g frische Pilze, 1 Schalotte, 1 Knoblauchzehe, 1 Bund Petersilie, Saft einer Zitrone, 1 Esslöffel Tomatenmark (nach Belieben), geriebener Parmesankäse, trockener Weißwein, Olivenöl extra vergine, Salz, Pfeffer.

Den Strunk, die äußeren harten Blätter und die Spitzen der Artischocken entfernen, in sehr dünne Stücke schneiden und diese in Zitronenwasser legen. Die Pilze sorgfältig säubern, eventuelle Erdreste mit einem feuchten Tuch entfernen und anschließend in dünne Scheiben schneiden.
Die zerkleinerte Schalotte und den Knoblauch in einem Topf mit einigen Esslöffeln Olivenöl dünsten, danach Artischocken und Pilze zugeben und unter ständigem Rühren auf großer Flamme mitdünsten.
Nach einigen Minuten die Flamme kleiner stellen, mit Weißwein ablöschen und einkochen lassen. Mit Salz und Pfeffer abschmecken und ca. 20 Minuten in einem geschlossenen Topf garen. Falls nötig, etwas Salzwasser zufügen. Nun auch (falls gewünscht) das in etwas Wasser aufgelöste Tomatenmark einrühren.
Nach dem Kochen den zerbröselten Ricotta, den geriebenen Parmesankäse und feingehackte Petersilie in die Sauce geben. Vor dem Abschalten den Käse etwas schmelzen lassen.

SAUCE MIT BLUMENKOHL ODER BROKKOLI

1 Blumenkohl oder 1 Brokkoli, 1 Zwiebel, 1 Esslöffel Rosinen, 1 Esslöffel Pinienkerne, 2 in Salz eingelegte Sardellen (nach Belieben), geriebener Schafskäse, Olivenöl extra vergine, roter Chili, Salz.

Für dieses Rezept kann sowohl Blumenkohl als auch Brokkoliverwendet werden (in letzterem Fall in Apulien traditionell zusammen mit Orecchiette-Nudeln).
Den Blumenkohl zerschneiden, waschen und in heißem Salzwasser blanchieren. Die kleingehackte Zwiebel in einigen Esslöffeln Öl glasig dünsten, die vom Salz gereinigten Sardellen (falls gewünscht) zufügen und in der Sauce auflösen. Den Blumenkohl zugeben und alles fertiggaren (falls erforderlich, heißes Salzwasser zugießen). Kurz vor dem Abschalten überprüfen, ob ausreichend gesalzen wurde, mit Chili abschmecken, die Pinienkerne und die in warmem Wasser aufgeweichten, abgetrockneten Rosinen unterrühren.
Die mit dieser Sauce verrührten Nudeln werden mit geriebenem (falls frisch, in kleine Stücke geschnittenen) Schafskäse bestreut.

SEEZUNGENSAUCE
◆

300 g Seezungenfilet, 1 Handvoll Basilikumblätter, Weizenmehl, 100 ml Sahne, 1 Gläschen Kognak, Fischbrühe, Butter, Salz, Pfeffer.

Die Seezunge in Mehl wenden und in Butter anbraten. Sobald sie leicht braun ist, den Kognak und zwei Schöpfkellen heiße Fleischbrühe zugießen. Beginnt

die Sauce einzudicken, mit der Sahne verlängern. Mit Basilikum bestreuen und mit Salz und Pfeffer abschmecken. Die Nudeln vor dem Servieren in der Pfanne mit der Sauce vermischen, kurz erhitzen und mit einigen Basilikumblättern garnieren.

ERBSENSAUCE MIT SCHINKEN
◆

200 g kleine, entschotete Erbsen, 100 g gekochter Schinken in dünnen Scheiben, 1/2 Zwiebel, 2 Eier, 4 Esslöffel geriebener Parmesankäse, Olivenöl extra vergine, Salz, Pfeffer.

Die kleingehackte Zwiebel in einigen Esslöffeln Olivenöl dünsten, die Erbsen zugeben, mit Salz und Pfeffer abschmecken, auf kleine Flamme stellen und bei geschlossenem Topf kochen. Falls erforderlich, etwas heißes Wasser zugießen. Den Schinken in dünne Streifen schneiden und kurz vor Ende der Kochzeit zu den Erbsen geben. In einer Suppenschüssel die Eier gründlich mit dem Parmesankäse, einer Prise Salz und frisch gemahlenem Pfeffer vermischen. Die gekochten Nudeln in die Suppenschüssel füllen und zusammen mit den Eiern und der Erbsensauce vermengen.

EI-MOZZARELLA-SAUCE
◆

4 Eier, 1/2 Zwiebel, 1 Mozzarella, 50 g geriebener Parmesankäse, 1 Tasse passierte Tomaten, Chili, Olivenöl extra vergine, Salz.

Die dünn geschnittene halbe Zwiebel in einem kleinen Topf in etwas Öl dünsten. Die Tomaten zugeben, salzen und ca. 20 Minuten eindicken lassen. In der Zwischenzeit die Eier leicht in einer mit Öl bestrichenen Backform im Ofen bei niedriger Hitze gerinnen lassen. Die Nudeln bissfest kochen und mit der Tomatensauce und dem geriebenen Parmesankäse verrühren. Alles in eine mit Öl bestrichene, feuerfeste Form geben und mit dem gewürfelten Mozzarella und den Eiern bedecken. Darüber etwas Chili streuen und alles für einige Minuten in den Backofen geben, bis der Mozzarella anfängt zu schmelzen. Aus dem Ofen nehmen und servieren.

LAMMSAUCE

200 g Lammfleisch, 2 Knoblauchzehen, 1 Zweig Rosmarin, 2 Lorbeerblätter, 400 g gehackte Dosentomaten, Rotwein, geriebener Schafskäse, Olivenöl extra vergine, Salz, Pfeffer.

Das Lammfleisch in kleine Stücke schneiden und zusammen mit Knoblauch, Rosmarin und Lorbeerblättern in ausreichend Öl anbraten. Den Knoblauch herausnehmen, sobald er zu bräunen beginnt. Mit Wein ablöschen und einkochen lassen. Die Tomaten, Salz und Pfeffer unterrühren und auf kleiner Flamme fertiggaren. Die gekochten Nudeln mit der Sauce vermischen und mit geriebenem Schafskäse bestreuen.

PILZSAUCE MIT LAUCH
◆

500 g frische Pilze, 2 Lauchstangen, 1 Lorbeerblatt, 1 Gewürznelke, 1 Bund Petersilie, Salz, Pfeffer.

Das Gemüse putzen, sowohl die Pilze (Erdreste mit einem feuchten Tuch ent-

fernen) als auch den Lauch in dünne Scheiben schneiden, alles in einen Topf mit einigen Esslöffeln Olivenöl geben und Lorbeer, Gewürznelke und eine Prise Salz zufügen. Auf kleiner Flamme bei geschlossenem Topf schmoren. Falls erforderlich, ab und zu etwas Brühe oder heißes Salzwasser zugießen.

Kurz vor dem Abschalten mit frisch gemahlenem Pfeffer abschmecken und mit etwas feingehackter Petersilie bestreuen.

ERBSENSAUCE MIT CRESCENZA
◆

250 g frische, entschotete Erbsen, 2 kleine Zwiebeln, 1 Bund Petersilie, 150 g Crescenza, 30 g geriebener Parmesankäse, 4 Esslöffel Sahne, Olivenöl extra vergine, Salz, Pfeffer.

Die Zwiebeln putzen, kleinschneiden und mit einigen Esslöffeln Olivenöl in einer Pfanne dünsten. Die Erbsen zugeben, salzen und pfeffern, ein halbes Glas Wasser zugießen und ca. 20 Minuten bei geschlossenem Topf auf mittlerer Flamme kochen. Ab und zu umrühren. In der Zwischenzeit in einer Schüssel den Crescenza mit der Sahne, der gehackten Petersilie und dem geriebenen Parmesankäse solange vermengen, bis eine sehr cremige Masse entsteht. Sobald die Erbsen gar sind, mit der Käsecreme vermischen und bei niedriger Hitze solange kochen, bis sie sich auflösen, bevor die Sauce mit kurzen Nudeln vermengt wird.

AUSTERNSAUCE
◆

16 Austern, 12 Jakobsmuscheln, 1/2 Glas Champagner, 1 Schalotte, 60 g Butter, Salz, weißer Pfeffer.

Die Austern öffnen und putzen, das Austernfleisch auslösen und dabei das in den Austern enthaltene Wasser auffangen und filtern. Die Jakobsmuscheln säubern, ungenießbare Teile entfernen und nur das Muschelfleisch und die Eier verwenden.

Die feingehackte Schalotte in Butter dünsten und sofort mit Champagner verlängern, kurz einkochen lassen und die Jakobsmuscheln zugeben. Nach einigen Minuten die Jakobsmuscheln mit einem Schaumlöffel entnehmen.

Die Sauce sorgfältig rühren und mit dem Austernwasser verlängern. Ist die Sauce wieder heiß, die Austern und erneut die Jakobsmuscheln für einige Minuten kochen. Mit Salz und frisch gemahlenem Pfeffer abschmecken und alles einige Minuten durchziehen lassen.

THUNFISCHSAUCE ALL'ARRABBIATA
◆

150 g in Öl eingelegter Thunfisch, 2 in Salz eingelegte Sardinen, 500 g passierte Tomaten, 50 g schwarze Oliven, 1 Esslöffel Kapern, 2 Knoblauchzehen, 1 Handvoll Basilikumblätter, eine Prise Thymian, Olivenöl extra vergine, roter Chili, Salz.

Den zerkleinerten Thunfisch in wenig Olivenöl anbraten, die Tomaten und den zerkleinerten Chili zufügen. Mit Thymian würzen und eindicken lassen. Unterdessen die gehackten Sardinen (ohne Salz und von Gräten befreit), Kapern, Basilikum und den zerdrückten Knoblauch vermengen und nach dem Kochen zusammen mit den Oliven in die Sauce rühren. Vor dem Abschalten kurz durchziehen lassen und mit etwas Salz abschmecken.

MEERBARBENSAUCE
◆

300 g Meerbarbenfilet, 3 reife, feste Tomaten, 2 Knoblauchzehen, 1 Bund Petersilie, 1/2 Glas trockener Weißwein, Ingwer, Olivenöl extra vergine.

Den Knoblauch in einigen Esslöffeln Olivenöl dünsten (herausnehmen, sobald er anfängt braun zu werden), die in kleine Stücke geschnittene Meerbarbe und den Ingwer zugeben und anbraten. Mit Weißwein ablöschen, einkochen lassen und die Tomaten zufügen, nachdem diese mit kochendem Wasser überbrüht, geschält, von Stängel und Samen befreit und in kleine Stücke geschnitten wurden. Mit Salz abschmecken und 15 Minuten kochen, anschließend mit feingehackter Petersilie bestreuen.

VENUSMUSCHELSAUCE MIT TOMATEN
◆

500 g Venusmuscheln, 5 Sardellen, 600 g reife, feste Tomaten, 3 Knoblauchzehen, 1/2 Glas trockener Weißwein, einige Basilikumblätter, Olivenöl extra vergine, roter Chili, Salz.

Die Venusmuscheln zum Reinigen von Sand mindestens eine halbe Stunde in Salzwasser legen und anschließend gründlich abspülen. In einer großen Pfanne den Weißwein und die Venusmuscheln auf eine große Flamme stellen, bis sich die Muscheln öffnen. Abtropfen lassen, das Muschelfleisch heraustrennen, das Kochwasser gut filtrieren und beiseite stellen. Die Sardellen säubern, entgräten und in einem Topf in heißem Öl zusammen mit dem zerkleinerten Chili auflösen. Die Tomaten und das beiseite gestellte Kochwasser zugeben. Die Tomaten zuvor kurz mit heißem Wasser überbrühen, schälen, den Stängel entfernen, entkernen und in kleine Stücke schneiden. Mit Salz abschmecken, die Sauce eindicken lassen und am Ende der Kochzeit die Venusmuscheln zusammen mit kleingehackter Petersilie und Knoblauch zugeben.

ZUCCHINISAUCE
◆

3 Zucchini, 1 Bund Petersilie oder einige Minzeblätter, 1 Knoblauchzehe, geriebener, harter Ricottakäse, Olivenöl extra vergine, Chili, Salz.

Die Zucchini putzen, in dünne Scheiben schneiden, in einer teflonbeschichteten Pfanne einige Esslöffel Öl erhitzen und die Zucchini gleichmäßig dünsten. Kurz vor Ende der Kochzeit eine Prise Salz, etwas Chili, den in Scheiben geschnittenen Knoblauch und sehr kleingehackte Petersilie zugeben. Die bissfest gekochten Nudeln (am besten lange Nudeln) in die Pfanne zu den Zucchini geben, einen Schuss Öl darüber und mit geriebenem Ricotta bestreuen.

ZUCCHINISAUCE MIT ERBSEN

4 Zucchini, 250 g frische, entschotete Erbsen, 1 Bund Petersilie, 2 Lauchstangen, 3 Esslöffel Sahne, Basilikum, Olivenöl extra vergine, Salz, Pfeffer.

Den Lauch in Scheiben schneiden und mit einigen Esslöffeln Öl in einer Pfanne dünsten. Bevor der Lauch braun wird, die Erbsen und nach weiteren 5 Minuten die geputzten, getrockneten und in Scheiben geschnittenen Zucchini zugeben.
Anbraten, die Flamme kleiner stellen, mit Salz und frisch gemahlenem Pfeffer abschmecken und ca. 30 Minuten bei geschlossenem Topf kochen lassen. Umrühren und falls erforderlich etwas Brühe oder heißes Salzwasser zugießen. Am Ende der Garzeit mit kleingehackter Petersilie und einigen Basilikumblättern bestreuen und die Sahne zugeben. Kurz erwärmen und vom Herd nehmen.

KALTE AVOCADOSAUCE

2 reife Avocados, Saft von 2 Zitronen, 2 Knoblauchzehen, Basilikum, Koriander, 1 Glas Olivenöl extra vergine, roter Chili, Salz.

Die Avocado schälen, das Avocadofleisch in kleine Stücke schneiden und anschließend zusammen mit Knoblauch, Olivenöl, dem gefilterten Zitronensaft, einigen Basilikumblättern, einer Prise Koriander, einer Prise Salz und Chili im Mixer pürieren.
Die Sauce eignet sich zu jeder beliebigen Nudelart.

KALTE RUCOLASAUCE

1 Bund Rucola, 75 g frischer Käse (Ricotta, Ziegenkäse usw.), 75 g geriebener Parmesankäse, 250 ml Sahne, Salz, Pfeffer.

Den Käse zusammen mit der Sahne in einer Schüssel verrühren, mit Salz und etwas frisch gemahlenem Pfeffer abschmecken.
Sobald eine glatte Creme entsteht, die grob gehackte Rucola zugeben. Ist die Creme nicht flüssig genug, mit etwas Kochwasser der Nudeln verdünnen. Wilde Rucola hat einen intensiveren Geschmack als angepflanzte Rucola, die Menge muss dann entsprechend reduziert werden.
Die wilde Rucola sollte fern von umweltverschmutzten Orten gesammelt werden.

Rezeptverzeichnis

Aalsauce mit Erbsen 147
Agnolotti mit Kartoffeln..........................106
Agnolotti mit Seebarsch 104
Agnolotti mit Trüffel 106
Agnolotti nach Neapolitaner Art 104
Artischockensauce...................................144
Auflauf „Capriccioso" 99
Austernsauce 152

Bandnudeln mit Erbsen.............................79
Bandnudeln mit Forelle.............................54
Bandnudeln mit grünem Spargel 79
Bandnudeln mit Jakobsmuscheln 54
Bandnudeln mit Kaninchen.......................33
Bandnudeln mit Kräutern..........................79
Bandnudeln mit Ragout
   alla Bolognese..34
Bandnudeln mit Sardellen
   und Brotkrumen....................................52
Bandnudeln mit Taleggio und Trüffel 80
Bandnudeln nach Papalina-Art 22
Bandnudeln: Tagliatelle, Tagliolini,
   Fettucine, Pappardelle 138
Basilikumöl 140
Bavette mit Fisch 38
Béchamelsauce 141
Bigoli 137
Bigoli alla Puttanesca 59
Bigoli mit Ente 20
Bigoli mit Fenchel 59
Bigoli mit Sardellen 38
Blumenkohlauflauf....................................98
Bohnensauce 147
Bucatini all'Amatriciana 20
Bucatini alla Boscaiola 59
Bucatini aus den Marken 22
Bucatini mit frittierten kleinen Fischen 39
Bucatini mit Kalamari 39

Bucatini mit Lamm und Paprika...............20
Bucatini mit Sardellen und Fenchel..........40
Bucatini mit Zwiebeln................................60
Bucatini-Torte 101

Cannelloni mit Bratwurst
   und Mozzarella.......................................90
Cannelloni mit Lachs 88
Cannelloni-Teig 137
Casoncelli 107
Cavatieddi 133
Cavatieddi mit Rucola und Tomaten 60
Cavatieddi mit Schinken 22
Chiliöl 140

Ei-mozzarella-Sauce 150
Erbsensauce mit Crescenza 152
Erbsensauce mit Schinken 150

Farfalle mit Jakobsmuscheln
   und grünem Spargel 41
Farfalle mit Käse und Pilzen 60
Farfalle mit Paprika 61
Farfalle mit Truthahn-
   und ErbsenSauce....................................22
Farfalle mit Zitrone 60
Fenchelauflauf...98
Fettuccine 133
Fettuccine mit Gnacchere.........................42
Fettuccine nach Römerart 23
Filatieddi 137
Filatieddi mit Sauce 23
Fischauflauf...96
Fischersauce 146
Fischklößchen 114
Fleischsauce mit Balsamico-Essig 142
Forellensauce (oder Schleiensauce)........146
Fusilli mit 4 Käsesorten.............................61

Rezeptverzeichnis

Fusilli mit Bratwurst und Steinpilzen 24
Fusilli mit Granatäpfeln und Endivie 62
Fusilli mit Saubohnen 62
Fusilli mit Scampi und Zucchini 42

Garganelli 137
Garganelli mit Pilzen 24
Gemüsetortelloni 129
Grießklößchen 115
Grüne Lasagne 92

Kalte Avocadosauce 154
Kalte Rucolasauce 154
Kartoffel-Culingionis 110
Kartoffelklößchen mit Tomatensauce 113
Kartoffelklößchen
    nach Florentiner Art 112
Kartoffeltortelloni 130
Knoblauchbutter 140
Knoblauchöl 140
Kürbisblütensauce 144
Kürbisklößchen 115
kürbistortelli 129

Lammsauce 150
Langaroli 116
Lasagne al Forno 88
Lasagne auf Piemonteser Art 91
Lasagne mit Kräutern 91
Lasagne mit Ricotta und Auberginen 92
Lasagne-Phantasie 90
Lasagne-Teig 138
Linguine mit Meeresfrüchten 44
Linguine mit Scampi und Zitrone 44
Linguine mit süßem Blumenkohl 62

Maccheroncini nach Frühlingsart 64
Makkaroni mit Auberginen 96
Makkaroni mit Bratwurst und Ricotta 25
Makkaroni mit Klopsen 25
Makkaroniauflauf 94
Malloreddus 134
Malloreddus mit Kartoffeln 64
Malloreddus mit Schwertfischragout 45
Malloreddus mit Wildschweinsauce 26
Maltagliati mit Kalamari und Gemüse 45
Meerbarbensauce 153

Nudeln mit Linsen 66
Nudeln mit Möhren 66
Nudeln mit Ricotta 66
Nudeln mit Ricotta und Artischocken 68
Nudeln mit Sardellen
    auf sizilianische Art 46
Nudeln mit Sardinenfilets 46

Orecchiette 135
Orecchiette mit Grünkohlspitzen 65
Orecchiette mit Sardellen 46
Orecchiette nach Lukaner Art 26

Pansotti mit Walnüßen 65
Pappardelle mit Fasan 30
Pappardelle mit Hase 28
Pappardelle mit Hirsch
    und Steinpilzen 26
Pappardelle mit Wildschwein 28
Paprikaauflauf 99
Paprikasauce 145
Penne all'Arrabbiata 70
Penne mit Kaviar und Wodka 47
Penne mit Lachs und Walnüßen 47
Penne nach Cuba-Art 30
Penne und Garnelen in Alufolie 47
Pesto nach Genueser Art 141
Pflaumenklößchen 113
Pici 135
Pici mit Kaninchensauce 30
Pilzsauce mit Lauch 150
Pisarei 136
Pisarei, Schlackwurst und Paprika 31
Pizzoccheri 136
Pizzoccheri al Forno 94
Pizzoccheri mit gekochtem Schinken 31
Polentaklößchen
    nach Valdostaner Art 112

Ravioli 118
    Mit Pilzfüllung 118
    Mit Fischfüllung 118
    Mit Artischockenfüllung 118
Ravioli mit Drachenkopf 119
Ravioli mit Jakobsmuscheln 120
Ravioli mit Seezunge 119
Ravioli mit Spargel 120
Ravioloni mit Wild 124
Ravioloni mit Zucchini 122
Reginette mit Parmesankäse 70
Reginette mit Schneckensauce 32
Reginette mit Speck 32

Ricottaklößchen 115	Strugolo mit Kartoffeln und Spinat 128
Roulade mit Hallimaschpilzen 122	Sugo allo Scoglio 146
Salatsauce mit Rucola	Tagliolini mit Bottarga 55
und Parmesankäse 142	Tagliolini mit Hühnerlebersauce 36
Sauce aus 3 Käsesorten 145	Tagliolini mit Kaviar 55
Sauce mit Artischocken, Pilzen	Tagliolini mit Lachs 55
und Ricotta 148	Tagliolini mit Mascarpone 82
Sauce mit Blumenkohl oder Brokkoli 148	Tagliolini mit süßem Weißwein 82
Sauce mit Kastanien und Bratwurst 147	Teig für frische, gefüllte Teigwaren 138
Schmackhafte Garganelli 24	Thunfischsauce all'Arrabbiata 152
Schwarze Bandnudeln mit Garnelen 52	Tomatensauce 143
Sedanini und Zucchini 78	Tomatensauce mit Oliven 147
Seebarschsauce 142	Tortelli mit Kichererbsen 128
Seeigelsauce 145	Tortellini mit Auberginen 126
Seezungensauce 148	Tortellini mit Fleischfüllung 129
Spaghetti alla Carbonara mit Gemüse 70	Tortelloni mit Ricotta und Spinat 130
Spaghetti alla Chitarra 136	Trenette mit Pesto 82
Spaghetti alla Chitarra mit Fleischsauce 33	Trenette mit Wirsing 80
Spaghetti alla Chitarra	Trofie 136
mit Meerscheiden 48	Trofie mit Sardellensauce 56
Spaghetti alla Norma 74	Trofie mit Tintenfisch 56
Spaghetti allo Scoglio in Alufolie 49	Trüffelbutter 140
Spaghetti Carbonara 34	
Spaghetti mit Auberginen 74	Überbackene Bandnudeln mit Spargel 97
Spaghetti mit Bohnen 78	Überbackene Cannelloni 86
Spaghetti mit Brandy 72	Mit Gemüsefüllung 86
Spaghetti mit frischen Sardellen 50	Mit Fleischfüllung 86
Spaghetti mit gemeinen	Mit Thunfischfüllung 86
Venusmuscheln und Tomaten 52	Überbackene Crespelle 108
Spaghetti mit getrockneten Saubohnen 78	Mit Radicchio-füllung 108
Spaghetti mit Glasaalen 50	Mit Krustentier-füllung 110
Spaghetti mit großen Venusmuscheln 50	Überbackene Fettuccine mit Seezunge 41
Spaghetti mit Käse und Pfeffer 76	Überbackene Klößchen 116
Spaghetti mit Knoblauch, Öl und Chili 72	Überbackene Nudeln mit Zucchini 68
Spaghetti mit Kürbißauce 76	Überbackene Rigatoni mit Pilzen 97
Spaghetti mit Languste 49	
Spaghetti mit Radicchio 74	Vegetarischer Auflauf 100
Spaghetti mit Sardellen und Trüffeln 50	Venusmuschelsauce mit Tomaten 153
Spaghetti mit Sepia-Tinte 48	Vermicelli allo Scoglio 56
Spaghetti mit Tomatensauce 72	Vermicelli mit Huhn und Trüffel 36
Spaghetti mit Walnüßen 76	Vermicelli mit Lauch 84
Spaghettikörbchen mit Meeresfrüchten 40	Vermicelli mit Meerscheiden 57
Spargelsauce 144	Vermicelli mit rohem Gemüse 84
Spinatauflauf 101	Vincisgrassi 102
Spinatklößchen 112	
Spinatknödel 107	Zackenbarschsauce 143
Spinatroulade 126	Zite mit Zwiebeln und Semmelbröseln 84
Strangolapreti 126	Zucchinisauce 153
Strozzapreti mit Ochsenmark 124	Zucchinisauce mit Erbsen 154